ORTE
für die Seele

Wo wir Gott begegnen und Kraft schöpfen

benno

Wo wir Gott spüren ...

Orte für die Seele« sind für jeden Menschen wichtig,
weil sie Heimat geben, zur Ruhe kommen lassen,
inspirieren und Kraftquelle des Lebens sind.

Erzbischof Dr. Ludwig Schick

Wir können Gott nicht sehen, aber an manchen Orten ist seine Nähe deutlich spürbar. Was wir dort empfinden, ist das Gefühl, dass an diesem Ort etwas anwesend ist, das nicht von dieser Welt ist, das größer ist als unser menschlicher Horizont. Wir spüren: das Heilige ist ganz nahe, hier besteht eine direkte Verbindung mit Gott.

Ich befinde mich an einem heiligen Ort, an einem Ort der Kraft und der Erkenntnis.
Ich sitze dort und fühle Gott. Eine Kraft, so unendlich viel größer als alles,
was ich jemals zuvor erlebt habe. Ich sitze da und weiß: Das hier ist wahr.
Und diese Kraft wirkt auch in mir. Wenn ich ein inneres Tor öffne für sie.

Nina Ruge

Solche beseelten Orte sind auch Orte für die Seele: In Gottes Gegenwart können wir aufatmen, loslassen, Ruhe finden, Kraft schöpfen.

An diesem spirituellen Kraftort kann ich auftanken in kraftlosen Zeiten,
kann meinen Tränen freien Lauf lassen und so sein, wie ich bin.
Aber ich werde auch inspiriert, spirituell und intellektuell,
ganz lebensnah und gleichzeitig tief und manchmal auch verstörend.
Und ich finde Ruhe und Geborgenheit, Ermutigung und Vertrauen in Gott.

Ulrike Böhmer

Um diese besonderen Orte, an denen Gottes Herrlichkeit und Nähe spürbar wird, geht es in diesem Buch. Rund 60 prominente Christen teilen ihre persönlichen Orte der Stille, die zum Beten und Auftanken einladen.

> *Spirituelle Orte sind für mich die Orte,*
> *an denen mein Herz weit wird,*
> *sodass Gott darin Platz findet.*
>
> *Sr. Jordana Schmidt OP*

Diese Orte sind so vielfältig, wie die Menschen, die von ihnen erzählen. Sei es das malerische Kloster in den Bergen oder die kleine Dorfkirche, der mystische Kreuzgang oder die profane Leseecke, der heimische Garten oder der weite Strand: Gott ist überall!

> *In dem Moment, wo mir Gottes Nähe bewusst wird,*
> *wird jeder Ort ein sakraler Ort für mich,*
> *egal wo sich dieser befindet.*
>
> *Daisy Gräfin von Arnim*

Wir möchten Sie mit diesem Buch einladen, auch selbst den Ort für Ihre Seele zu entdecken.

Inhalt

Hinbringen vor Gott

Die Kirche in meinem Heimatort **Klarenthal/ Saar** stand neben unserer Schule. Ich erinnere mich, dass ich, wenn ich ein Problem hatte, gerne in der Pause oder nach Schulschluss zur Kirche und zum Marienaltar gelaufen bin, um dort meine Sorgen hinzutragen. Ich komme aus einem religiösen Elternhaus, das mich geprägt hat. Ich war allerdings nicht nur fromm. Wenn mir etwas nicht passte, wurde ich furchtbar wütend, was mir den Spitznamen »Hexenbärbel« einbrachte.

Als junges Mädchen nahm ich an Jugendwallfahrten teil, besuchte gerne den Marienort in **Blieskastel/Saar** und ging in ein Kloster, wenn 8-tägige Schweigeexerzitien angeboten wurden. Dabei hatte ich immer Schwierigkeiten beim Beten. Ich wünschte mir immer, im Gebet zu versinken, aber ich war zu sehr abgelenkt.

Mit 23 Jahren trat ich in die Gemeinschaft der Missionsschwestern Unserer Lieben Frau von Afrika ein. Eine religiöse Gemeinschaft sollte es sein, weil ich mit Gleichgesinnten auf dem Weg zu Gott sein wollte. Eine Missionsgemeinschaft sollte es sein, die versprach, alle ihre Mitglieder nach Afrika zu schicken, denn ich liebte das Abenteuer und wollte die Welt sehen.

Heilig-Kreuz-Kapelle in Blieskastel

Bevor ich eintrat, habe ich aber zur Abklärung noch eine Wallfahrt nach Lourdes gemacht.

In den ersten Jahren im Kloster, in Postulat und Noviziat, gab es lange Gebetszeiten. Ich bewunderte und beneidete meine Mitschwestern, die tief im Gebet versunken zu sein schienen. Ich konnte nur zu Gott sagen: »Es tut mir so leid, aber ich kann Dir nur meine schmerzenden Knie schenken.« Leichter ist es für mich, beim Gehen immer und überall an Gott zu denken und mich ihm nah zu fühlen. Gott ist mit mir auf allen meinen Wegen, davon bin ich überzeugt. Auch heute noch, mit 80 Jahren, gehe ich gerne mit Sorgen und Anliegen in den nächsten Marienort — das ist jetzt Kamp-Bornhofen. Der Weg von der Fähre zur Kirche ist geschätzte 5 km lang. Es ist der Weg, der für mich so wichtig ist. Dann bin ich in der Kirche — erleichtert, Sorgen, Anliegen und Dank vor Gott bringen zu können. Ganz oft finde ich mich beschenkt durch die Begegnungen mit Menschen, für die ich Gott danke.

Sr. Dr. Lea Ackermann

Marienwallfahrtsort Lourdes in Frankreich ▲
Klosterkirche in Kamp-Bornhofen ▶

Hier bin ich einfach ich

Gott treffen inmitten seiner Schöpfung – für mich ist das im Klüschen Hagis immer wieder möglich.

Diesen Marienwallfahrtsort inmitten einer wunderbaren Natur zu erleben, verhilft mir zu einem anderen Blick und meine Seele wird neu frei. Schon als Kind durfte ich die inspirative Wirkung dieses Ortes erleben, wenn ich an der Hand meines Vaters mit meinen Brüdern zur Männerwallfahrt pilgerte. Die Teilnahme an diesem besonderen Gottesdienst am Himmelfahrtstag ist für mich seit diesen ersten Erfah-

rungen ein absolutes Muss und das war manchmal durchaus schwierig bei meinen früheren Terminabwägungen. Ebenso erfüllend sind für mich aber auch die vielfältigen stillen Besuche an diesem Ort im Laufe eines Jahres. Ich darf dort immer wieder im Besonderen meine Glaubensüberzeugung orientieren.

Gott macht, dass es gut wird, und davon bin ich zutiefst überzeugt. Diese hoffnungsvolle und befreiende Botschaft lässt mich aber nicht in Ruhe,

sondern ganz im Gegenteil: Ich bin ganz persönlich zur Verantwortung geboren und sollte das mir Mögliche auch tun.

Dieser Ort der Stille und Gottesbetrachtung war für mich in der Vergangenheit mehrfach besonders wichtig. Da waren zum einen die dankbar erlebten Stunden der Zeit der Öffnung unserer engen DDR-Gesellschaft hin zur Freiheit in den Jahren 1989/90. Diese Zeit war verbunden mit der Frage, was tue ich jetzt konkret? Zum anderen war das **Klüschen Hagis** für mich besonders wichtig in den sehr bitteren Stunden meines Lebens. Da ging es für mich um echte Verluste bzw. eine zwingende persönliche Neuorientierung. In dieser Situation stellten sich die sehr grundsätzlichen Fragen: Wie geht es weiter? Was soll ich tun? Wo ist mein Platz?

Gottes Schöpfung, das Werden, das Vergehen und die Hoffnung, all das kann man hier erleben und das macht den Blick und die Gedanken frei und gelassen. Ich erlebe an diesem Ort in sichtbarer Klarheit Gottes Plan mit mir. Um so das Gute zu mehren, soll ich einen engagierten Einsatz für die Mitmenschen und unsere Welt immer wieder mit Leidenschaft versuchen. Ich muss dabei aber der Versuchung zum Perfektionismus und zum Egoismus widerstehen.

In diesem Sinn bin ich an diesem Ort »Klüschen Hagis« immer wieder gern mit Gott und der wunderbaren Natur zusammen. Hier bin ich einfach ich.

Dieter Althaus

Wo zwei oder drei ...

Am 16.3.1983 habe ich in Tübingen die Entscheidung getroffen, nicht mehr aus meiner eigenen Kraft leben und arbeiten zu wollen. Ich habe entschieden: »Jesus, komm DU in mein Leben.« Nach und nach wurde für mich damit alles anders. Mit dieser Entscheidung ist der Heilige Geist in mein Leben eingetreten.

Mit diesem Schritt damals in Tübingen habe ich nach und nach festgestellt, welche Kraft in dem Namen Jesus liegt und dass er lebt. Je mehr ich mir seine Gegenwart bewusst mache, desto einfacher »fließt es« und ein Ereignis nach dem anderen passiert, wo ich sagen kann, ja, hier war Gott schon wieder am Wirken in meinem

Leben. Zu gerne höre ich diese Geschichten auch von meinen Freundinnen. Man kann es auch mit einer Ehe vergleichen: Je mehr ich mit meinem Mann rede, desto mehr versteht er mich, und je besser er mich versteht, desto mehr kann er für mich tun und weiß, was mich beschäftigt. Genauso ist es mit Gott. Er sehnt sich nach nichts mehr, als dass wir eine ganz persönliche Beziehung zu ihm haben und mit ihm reden, unser Leben mit Ihm besprechen. Nur wie mache ich das? So würde ich sagen, dass der geistliche Lieblingsort für mich der Ort ist, wo sich Gläubige treffen und miteinander Lieder für Gott und an Gott singen, wo man Menschen trifft, die zuversichtlich sind und nicht aus eigener Kraft ihr Leben meistern wollen, sondern die Kraft Gottes und die Freundschaft von Jesus Christus und die Weisung des Heiligen Geistes in Anspruch nehmen.

Heilige Orte entstehen durch Menschen, die Heiligkeit leben wollen, wie man es z. B. im Galaterbrief nachlesen kann. Menschen, die sich danach sehnen, Gott zu gefallen, ihn zu loben und zu preisen und mehr kennenzulernen und seine Freude und Gegenwart zu erleben. Es gibt nichts Erfüllenderes. Wie ich Gott gefalle, finde ich in jedem Kapitel der Bibel. Das Lesen in der Bibel ist die beste Gehirnwäsche aller Zeiten, bringt es einen doch von dem ewigen »ich, mich, meiner, mir« weg zu »Gott, was willst Du von mir?«. Einen wöchentlichen **Bibelkreis** zu besuchen, also einen Ort, wo sich Menschen treffen, die gemeinsam über einen Text aus der Bibel nachdenken und darüber reden, ist etwas sehr Stärkendes und die richtigen Freunde findet man dort auch gleich. Egal an welchem Ort ich gerade studiert oder gearbeitet habe, ich habe immer nach so einer Gruppe von Menschen gesucht und sie auch gefunden.

Die Spiritualität eines Ortes erlebe ich immer dort, wo zwei oder drei in Jesu Namen zusammenkommen. Das ist also kein besonderes Gebäude, sondern eben die Orte, wo Gläubige zusammentreffen. Ich denke zum Beispiel an die riesige **Jesus-Statue**, 33 m hoch, in Polen. Von Frankfurt Oder die A12 in Richtung Polen auf der E 30 Richtung Posen und Warschau fahrend ist sie auf der rechten Seite nahe der Stadt Swiebodzin (Schwiebus). Man kann sie als Tourist besuchen oder als jemand, der in seinem Herzen den Gedanken trägt: »Jesus ich will Dir folgen und dir ähnlicher werden, zeige mir den Weg, hilf Du mir, leite mich.« In dem Moment, wo ich mich dieser Statue so nähere, ist der Ort ein vollkommen anderer, als wenn ich ihn nur unter kunstwissenschaftlichen oder bautechnischen oder touristischen Merkmalen besuche. Und der Ort wird heilig.

Es ist mir egal, wie die Kirche aussieht, in die ich gehe. Unsere jetzige Kirche war einmal ein Autohaus. Wichtig ist für mich nur, was dort ge-

predigt wird und dass ich Veränderung erleben darf und wirkliches Leben. Ich lerne dort durch die Predigten, was es bedeutet, ein heiliges Leben zu führen, und was man macht, wenn etwas mal wieder nicht geklappt hat, wie ich Vergebung erlangen kann und wie ich anderen Menschen vergebe. Ich lerne dort, dass Jesus lebendig ist. Er ist Freund und Begleiter und steht mir in allen Situationen meines Lebens bei. Im Austausch mit anderen Gläubigen erfahre ich, was sie mit Gott erleben, und gleichzeitig ist es ermutigend für mich, nicht die Einzige in der Uckermark zu sein, die hungrig nach mehr von Gott ist.

Glaube entsteht, so heißt es, durch das Hören des Wortes Gottes, also durch die Predigt. So ist der Mann Gottes, in diesem Fall mein Pastor Matthias Schmöcker, in meinem Leben ein wichtiger Ratgeber und eine Person, die in mein Leben sprechen darf. Die **Christus Mission Uckermark-Gemeinde** ist meine geistliche Heimat. Immer wieder werden wir dort ermahnt, hingewiesen, ermutigt, gebettelt, angefleht, erinnert, wie unendlich wichtig die persönliche Zeit, sprich eine persönliche Beziehung, mit Gott ist. Es gibt nichts Wichtigeres. So habe ich in unserem großen Haus ein eigenes Zimmer mit einem **Schreibtisch**, an dem ich die Bibel lese und studiere. Dann gibt es noch einen von meinem Vater geerbten großen **Sessel**, dort rede ich mit Gott. Manchmal mache ich dort

einfach nichts und warte. Manchmal weine ich und manchmal bete ich meine Gebetslisten und Fürbitten für meinen Mann, meine Gemeinde, meine Pastoren, meine Mitarbeiter, das Geschäft und vieles mehr durch. Manchmal lese ich ein geistliches Buch. Diese Zeit habe ich mir regelrecht hart erkämpft, denn viele Ablenkungen mussten zur Seite geschoben werden, bis ich es »geschafft« habe, zur Ruhe zu kommen und mich an den Schreibtisch zu begeben. Meistens ist morgens eine gute Zeit, um den Tag richtig zu beginnen, leider klappt das nicht immer. Doch Regelmäßigkeit, um eine Routine zu entwickeln und Ablenkungen auszuschalten, werden mir immer wichtiger.

In dem Moment, wo mir diese Nähe bewusst wird, ich sie sozusagen auch spüre, wird jeder Ort ein sakraler Ort für, egal wo sich dieser befindet. Das könnte auch beim Kartoffelschälen in meiner Küche sein. Mit meiner Entscheidung, Jesus zum Herrn meines Lebens gemacht zu haben, habe ich diesen Ort immer in mir und bei mir und mit mir. Das ist das Größte überhaupt. Ich kann die Nähe Gottes von meiner Seite aus jederzeit anstellen. Er ist da. Er lebt in mir. Er will nur das Beste für mich. Es liegt an mir, wie viel davon ich zulasse und wie ich auf die Umstände meines Lebens antworte und reagiere.

Daisy Gräfin von Arnim

Unter dem Schutz der Muttergottes

Ich habe zwei Orte, da ich ja sowohl Äthiopier als auch Deutscher bin, die ich als meine spirituelle Heimat betrachte. Fangen wir mit dem ersten Ort an, der Ort, wo ich meine Kindheit verbracht habe. Bis zu meinem 20. Lebensjahr lebte ich in Äthiopien, ich kam dann erst 1968 zum Studium nach Deutschland. Bis dahin war mein spiritueller Ort das Kloster **Debre Libanos**, eines der ältesten Klöster, die wir in Äthiopien haben, aus dem 13. Jahrhundert. Für dieses Kloster hat meine Familie seit vielen Generationen das Patronat. Dort sind auch meine Vorfahren begraben und unser Familienmausoleum ist dort zu finden. Der Mann, der dieses Kloster gegründet hat, ist ein äthiopischer Heiliger. Der heilige Tekle Haymanot war jemand, der überall in Äthiopien missioniert und Hunderttausende Menschen zum Christentum gebracht hat. Der heilige Tekle Haymanot ist auch der Haussheilige meiner Familie, den wir alle sehr verehren und mit dem mich seit meiner Kindheit, natürlich durch meine Eltern, etwas Besonderes verbindet. Er hat die salomonische Dynastie, zu der ja das äthiopische Kaiserhaus (meine Familie) sich zählt, nach einigen Jahrhunderten, in denen es

eine andere Dynastie auf dem Thron Äthiopiens gab, wieder eingesetzt. Das Kloster Debre Libanos liegt im Tal. Die alte Kirche ist leider abgerissen worden und der letzte äthiopische Kaiser hat eine gigantische Kathedrale dort gebaut, die aus diesem Tal, umgeben von Bergen, herausragt. Ich hatte immer das Gefühl, dass dort das Zentrum meines Glaubens sei, dass das das Zentrum der äthiopisch-orthodoxen Kirche sei. Obwohl, wie wir wissen, natürlich die Basis der äthiopisch-orthodoxen Kirche die heilige Stadt Aksum ist, wo das Christentum das erste Mal nach Äthiopien kam und ab 330 nach Christus zur Staatsreligion wurde. So viel zu meiner Jugend.

Aber seitdem ich in Frankfurt lebe, und das ist seit 1972, ist es die Liebfrauenkirche, die ich als Ort für meine Seele empfinde. Sie gehört zu den letzten Klöstern in Frankfurt. Wie der Name schon sagt, eine Kirche, die der heiligen Muttergottes geweiht ist, die wiederum meine Namensheilige ist. In Äthiopien bekommen wir im Leben zwei Namen: den normalen und einen sogenannten Taufnamen. Diesen erhält man als Angehöriger der Kirche und der wird dann für alles, was mit der Kirche zu tun hat — Taufe,

Kloster Debre Libanos in Äthiopien

Kommunion und dann letzten Endes auch die Beerdigung — verwendet. Bei allem Kirchlichen wird man mit diesem Taufnamen, diesem von der Kirche gegebenen Namen, angeredet. Mein Taufname lautet übersetzt »Der Sohn der heiligen Muttergottes«. Nicht, dass ich Christus bin, sondern sozusagen derjenige, der unter dem Schutz der Muttergottes steht. Das ist eine bessere Übersetzung. Meine Affinität zur heiligen Mutter ist sehr groß und diese Nähe habe ich am besten in der **Liebfrauenkirche** in Frankfurt gefunden. Als ich 1972 nach Frankfurt kam, bin ich durch die Straßen gegangen. Das Kloster der Liebfrauenkirche befindet sich mitten in der Stadt — das ist sehr ungewöhnlich. Es hat einen wunderschönen Innenhof, wo Leute hinkommen

Turm der Liebfrauenkirche

Lourdes-Kapelle im Innenhof der Liebfrauenkirche

und sich setzen und ausruhen können, wenn sie in der Stadt gewesen sind. Schon das alleine hat mich sehr beeindruckt. Ein Platz der Ruhe, wo man von der Alltagshektik ein bisschen zur Ruhe kommt. In diesem Innenhof gibt es eine Statue der Madonna von Lourdes. Da ist sozusagen eine kleine Lourdeskapelle. Man kann dort ganz wunderbar Kerzen anzünden. Dann habe ich natürlich auch Kontakt zu den Mönchen, die dort leben, aufgenommen. Das sind Kapuziner, wie ich sagte, und die Lässigkeit, aber auch Glaubensstärke der Kapuziner haben mich sehr beeindruckt. Obwohl ich äthiopisch-orthodoxer Christ bin, sehe ich persönlich keine allzu großen Unterschiede zwischen diesen beiden Kirchen, zwischen der katholischen und der äthiopischen. Wir haben dieselben Sakramente und die Verehrung der heiligen Muttergottes. Es ist einfach die Position des Papstes, die wir nicht anerkennen, aber das sind weltliche Dinge. Auf jeden Fall fing ich an, dort sonntags in den Gottesdienst zu gehen und mir diese wunderbaren Messen anzuhören. Ich habe auch die Predigten sehr geliebt und liebe sie immer noch.

Kaum zwei Jahre, nachdem ich nach Frankfurt kam, hatte ich in der Liebfrauenkirche eine Begegnung, die bei mir hängen geblieben ist. Am 23. November 1974 wurde mein Vater Opfer der Revolution in Äthiopien. Man hat in der Nacht sechzig führende Würdenträger der kaiserlichen Regierung ohne Gerichtsurteil erschossen — und dazu gehörte auch mein Vater. Ich ging am nächsten Morgen in die Liebfrauenkirche und habe vor der Muttergottesstatue meinen Emotionen freien Lauf gelassen. Auf einmal kam eine alte Frau von hinten. Sie sah mich — im tiefen Gebet versunken. Ich habe eigentlich meine Umgebung gar nicht wahrgenommen. Sie kannte mich nicht, hatte mich nie zuvor gesehen, aber sie legte ihre Hand auf meine Schulter und sagte: »Lassen Sie einfach los. Die heilige Muttergottes ist bei Ihnen.« Ich habe mich umgedreht und diese ältere Frau hat mich einfach nur angeschaut und ist dann weggegangen. Eine Begegnung mit Gott — eine unglaubliche Sache. Solche Dinge habe ich dort erlebt. Es gibt etwas sehr Heiliges an diesem Ort, das mich immer wieder dort hinzieht. Sie ist keine gigantische Kirche, aber sie ist erhaben und für MICH ist sie ein Ort der absoluten Ruhe, des Zusammenbringens der eigenen Gedanken, des Fühlens einer gewissen Nähe zu meinem Schöpfer.

Es gibt noch eine andere Kirche, zu der ich eine Beziehung habe, aber diese Beziehung ist eher formal. Und zwar die größte Kirche, die wir in Frankfurt haben — der Dom. Ich habe ja von der Erschießung der Sechzig gesprochen. Das Schlimme war: Die Militärregierung hat verboten, dass die Menschen, übrigens alle Christen, die sie standrechtlich erschossen haben, ein christliches Begräbnis bekamen — sie wurden alle in einem Massengrab verscharrt. Und das hat mich damals so tief als Christ verletzt, dass ich daraufhin im Frankfurter Dom ein Requiem habe lesen lassen. Nicht nur für meinen Vater, sondern für alle sechzig Personen, die mit ihm diesen Unrechtstod gestorben sind. Ich war seit knapp zwei Jahren in Frankfurt und ich hatte natürlich einige Freunde und Bekannte. Aber was mich zutiefst ergriffen hat, ist die Tat-

Frankfurter Dom

sache, dass an diesem Tag mehr als 200 Menschen als Zeichen der Solidarität in die Kirche kamen — nur weil sie über mein Schicksal in der Zeitung gelesen hatten. Das hat mich so wahnsinnig beeindruckt, dass ich seitdem auch eine sehr emotionale Bindung zum **Frankfurter Dom** habe. Die tiefere Verbindung aber habe ich zur Liebfrauenkirche, der Kirche meiner Patronin, der barmherzigsten Muttergottes, der mein ganzes Vertrauen gilt.

Asfa-Wossen Asserate

Raum zum Atmen

Ein Atemraum des Glaubens ist für mich das Marienkloster auf Tautra. Auf alten Wurzeln siedelten sich nach Jahrhunderten 1999 Trappistinnen aus den USA in Norwegen wieder neu an und bauten in dieser Region ein Kloster, das beeindruckt durch Architektur und Stille. Die atemberaubend schöne Landschaft des Trondheimer Fjords zieht einen als Besucher der Klosterkirche sofort in seinen Bann. Die Fensterfront hinter dem Altar lässt die Natur, den nur wenige Meter weiter liegenden Fjord, gleichsam Teil des Raumes werden. Wenn ich hier bete, habe ich das sich ständig verändernde Altarbild, die Schöpfung Gottes, immer vor Augen. Das gläserne Dach, getragen von einer Holzkonstruktion, mit dem Wechselspiel von Licht und Schatten, ist wie ein Fenster zum Himmel. Auch kann ich mich einschwingen in die Feier der Eucharistie oder das Stundengebet der Schwestern, das mit Harfenspiel begleitet wird. Auftanken in der Stille — im Einklang von Natur und Mensch — in der Begegnung mit Gott und dabei neue Orientierung für den eigenen Lebensweg finden.

Ein weiterer wichtiger Ort ist für mich meine Tauf- und Heimatkirche St. Kilian (erbaut im 12. Jh.) im ostwestfälischen Brenken. Hier reihe ich mich ein und stehe auf den Schultern meiner Vorfahren, die den christlichen Glauben gelebt und an mich weitergegeben haben. Der Taufstein (12. Jh.) lässt mich erahnen, dass unzählige Menschen Kraft und Halt für ihr Leben im Vertrauen auf Gott gefunden haben.

Aber auch in jeder anderen Kirche lasse ich mich anziehen vom Bild der Pieta. Die Gottesmutter Maria mit dem toten Sohn in ihrem Schoß hält wach, dass wir unsere Dankbarkeit und Freude, aber auch unsere Sorgen und Fragen, unsere Trauer und unsere Ängste vor Gott tragen dürfen und von ihm getragen werden. Die Kerzen, die wir dort anzünden, unterstreichen das Gebet und leuchten als Zeichen unserer Zuversicht.

Darüber hinaus gilt: »Wo zwei oder drei in meinem Namen versammelt sind, da bin ich mitten unter ihnen« (Matthäus 18,20). Mit dieser Zusage Jesu fühle ich mich mit meinen Brüdern und Schwestern im Glauben und Gebet an jedem Ort der Welt zu Hause. Ich denke oft, welche Größe, Tiefe und Weite liegen in diesem Geschenk. Es ist wirklich ein Geheimnis, das uns beseelen und im Glauben »verorten« kann.

Msgr. Georg Austen

Tautra-Mariakloster der Zisterzienserinnen in Norwegen ▶

Prägende Quellen

Aufgrund meiner vielfältigen Reisetätigkeit habe ich keinen spezifischen geistlichen Lieblingsort. In meiner Kindheit wurde ich geistlich geprägt von meinem Dienst als Ministrant in unserer **Pfarrkirche St. Martin** in Tauberbischofsheim. Dort habe ich Nähe zum heiligen Sakrament ebenso erfahren wie christliche Gemeinschaft, insbesondere mit unserem damaligen Kaplan Fritz Ullmer, der seinen tiefen Glauben bis heute lebt und zu vermitteln weiß.

Heute geben mir oft **Flugreisen** geistliche Inspiration. Der Blick aus dem Fenster in die Weiten des Himmels macht demütig und gottesgläubig zugleich. Aus diesem demütigen Gefühl der Gottesnähe erwachsen dann oft im Gebet Ruhe, Kraft und Kreativität. Das erscheint mir angesichts meiner biblischen Prägung durch das Gleichnis von den Talenten als besonders wichtig.

Bestärkt hat mich in diesem Glauben insbesondere **Papst Franziskus**. Er hat mir in einem persönlichen Gespräch, als ich dieses Gleichnis als wichtige geistige Inspiration nannte, gesagt: »Ja, man muss vor allen Dingen kreativ sein.« In diesem Moment haben sich zwei prägende Quellen geistlicher Orientierung vereint: der Vatikan als Ort und der Papst als Person.

Thomas Bach

Wie die Zeit »vergeht«

Ich bin zu einem **Anbetungsgottesdienst** verschiedener Hauskreise mit dem Thema »Zeit zur Stille« eingeladen und bin etwas befangen. Mit einem Grummeln im Bauch betrete ich den Raum, in dem über 50 Erwachsene zwischen 20 und 60 Jahren zusammengekommen sind. Sie sitzen im Kreis, um Gott anzubeten. Vor ihnen auf der Erde liegt ein großes, grob geschnitztes helles Holzkreuz. Brennende Kerzen sind um das Kreuz gruppiert und geben dem Raum eine feierliche und ruhige Atmosphäre. Blumen und ein großer sechsarmiger Kerzenhalter stehen hinter dem Kreuz. Ich setze mich, werde freundlich von meinen beiden Nachbarn begrüßt.

Eine Person begrüßt alle Teilnehmer und bittet sie, sich auf ein Zeitexperiment einzulassen. Zeit vor Gott zu verbringen, ohne etwas tun zu müssen. Gott zu bestaunen, seinen Charakter bewundern, vor Gott sein, hörend auf Gott ausgerichtet zu sein, sich in dieser Zeit von Gott inspirieren, ermutigen, motivieren und hinterfragen zu lassen. Ich genieße die anschließende »Stille Zeit«.

Nach einer Weile erzählt jemand von einer Begegnung mit Menschen, die ihm geholfen hat, Freude zuzulassen. Sein verkopftes Innenleben bricht auf, er lässt seiner Freude Raum, sie wirkt noch etwas kantig, aber man ahnt, dass da was aufbricht, was für ihn eine Bereicherung ist. Er will Mut machen, nicht nur über Freude an Gott zu reden, sondern diese auch auszudrücken. Er wirkt wie ein verstopftes Rohr, das endlich durchlässig geworden ist. Manche lassen sich von ihm anstecken.

Jemand liest einen Abschnitt aus dem Neuen Testament zum Thema »Zeit« und »Stille« und leitet über zum gemeinsamen Singen. Einige stehen dabei auf, die meisten sitzen. Die, die den Text nicht kennen, schauen auf ein Liedblatt, andere singen mit geschlossenen Augen, manche hören auch nur zu, singen gar nicht. Manche Lieder drücken Freude und Dank über Gott aus, andere haben den Schwerpunkt mehr in der staunenden An-

betung und wirken eher ruhig. Ich selbst singe nicht mit, denke aber an den Texten entlang, öffne mich ihren Aussagen und denke an Gott. Nach 20 Minuten gemeinsamen Singens lassen wir den Klang der Musik, die Aussagen der Lieder, den Bericht der Freude und das Kreuz auf uns wirken. Der Raum ist ausgefüllt mit Stille. Keine drückende oder peinliche Stille, auch keine Langeweile, eher eine Erwartung, dass Gott redet.

Viele drücken ihre Empfindungen Gott gegenüber auch mit ihrem Körper aus. Einige nehmen sich hölzerne Gebetsschemel und knien. Andere stehen. Manche von ihnen strecken die Arme aus, als wenn sie sich an Gott festhalten wollten. Andere scheinen sprudelndes Quellwasser aufzunehmen, sie halten ihre geöffneten Hände vor ihrem Körper. Eine junge Frau kniet vor ihrem Stuhl, hat den Kopf in ihren Händen gestützt und betet. Viele sitzen, einige von ihnen blättern in ihrer Bibel, manchmal liest jemand einen kurzen Abschnitt daraus vor. Manche denken in der Stille am Bibeltext weiter.

Nach einer Weile steht jemand auf, stellt sich vor das Kreuz und redet laut mit Jesus. Ein ehrliches Gebet, keine Floskeln und fromme Sprüche. Diese aufbauende entspannende Stille breitet sich aus. Ich lasse mich los, öffne mich Gott mit meinem Wesen, nicht nur mit meinen Gedanken. Es ist kaum zu beschreiben, welche Schichten meines Inneren plötzlich frei werden und sich auf Gott ausrichten. Ich empfinde plötzlich eine große Ehrfurcht vor Gott, eine stille Be-Geisterung. Ist da der Heilige Geist am Wirken?

Eine fast unheimliche Stille liegt in der Luft. Zeit scheint keine Rolle mehr zu spielen. Jeder ist mit sich und Gott alleine — aber nicht einsam. In der Zweisamkeit mit Gott und in der Gemeinschaft begegnen uns die Stille und auch die Zeit ganz neu. Es ist irgendwie komisch, jetzt sind schon fast zwei Stunden um und die Zeit scheint wie im Flug vergangen zu sein. Ich wundere mich über die ungezwungene Art, ich empfinde den ganzen Abend keinen Zwang oder Druck, mitmachen zu müssen. Jeder kann er selbst sein. Mit seinen Worten, Gesten, mit seiner Angst und Verkrampftheit, aber auch mit seiner Freude und seinem tiefen Frieden mit Gott. Es scheint hier keine einheitliche Gebetshaltung zu geben, keinen unausgesprochenen Gruppenzwang. Jeder drückt das aus, was er in Bezug auf Gott empfindet. Die unterschiedliche Art, mit Gott zu kommunizieren, sich ihm auszusetzen, ihn wahrzunehmen, auf seine Impulse zu hören, tut gut. Endlich kann ich selber sein vor Gott, ohne Floskeln, ohne Angst vor einer peinlichen Situation. Ich gehe wieder nach Hause, aufgefüllt mit der Gegenwart Gottes.

Arno Backhaus

Madonna in den Trümmern

Als ich das erste Mal die kleine Kapelle betrat, wusste ich nur, was alteingesessene Kölner mir erzählt hatten: Die Madonnenstatue dort habe auf wunderbare Weise alle Fliegerangriffe des 2. Weltkriegs überstanden. St. Kolumba im Stadtinnern war wiederholt bombardiert und immer wieder notdürftig restauriert worden. Doch am 2. März 1945 wurde diese prächtige Kirche schier völlig zerstört – inklusive Glockenturm. Stehen blieben ein paar brüchige Reste von Außenmauern – und an einem Pfeilerstumpf eine spätgotische Madonna, den zerrissenen Leib des Jesuskindes noch in den Armen, jedoch ohne Köpfchen, Hände und Füße. So kam es dann auch schon bald zum Namen: **Maria/Madonna in den Trümmern**. Seit ein paar Jahren steht hier der Neubau des Kölner Diözesan-Museums, errichtet auf dem Areal der alten Kolumbakirche. Der Schweizer Architekt Peter Zumthor hat es meisterhaft verstanden, die kleine Marienkapelle in den großen modernen Museumsbau zu integrieren.

Als ich erstmals diese Kapelle betrat – es war in den 1960er-Jahren –, war sie außen noch von Ruinen umgeben, von Mauerresten der einst mehrschiffigen Kirche. Auf einem kleinen Teil dieses Gotteshauses hatte man inzwischen die Marienkapelle errichtet. Da waren berühmte Meister am Werk: Gottfried Böhm entwarf den oktogonalen Bau um die »Trümmer-Madonna« herum. Die beiden farbigen Chorfenster stammen von Ludwig Gies (hergestellt bei Oidtmann in Linnich), die Antonius-von-Padua-Statue schnitzte Ewald Mataré und das Katharinenfenster schuf Georg Meistermann.

Ein paar Jahre später entstand daran angebaut eine kleine **Sakramentskapelle**, die schon vor ihrer Einweihung Aufsehen erregt hatte, weil Kardinal Frings sich weigerte, sie einzuweihen. Für die Mehrzahl der Besucher ist dieser fensterlose Raum mit einer Pieta (um 1440), einer Annaselbdritt-Statue (um 1500), einem wertvollen Taufbecken (noch aus der alten Kirche) und einer modernen »Klagemauer« – ein in Zement-Stein gemeißelter Kreuzweg von Rudolf Peer – zunächst eher unattraktiv, weil so düster. Aber man gewöhnt sich rasch auch daran – und die meisten Besucher, die in der Stille beten oder meditieren möchten, setzen sich hier auf die Wandbank gegenüber dem Tabernakel. Hier spürt man eine sakrale Ausstrahlung, vielleicht mitbeeinflusst von den Mauerresten der alten Kolumbakirche. Hier befinden sich auch Beichtstühle, ein Votivkerzenständer und ein Gästebuch, in das die Besucher ihre Anliegen, Sorgen und Wünsche eintragen können.

Kapelle »Madonna in den Trümmern«

Hierher, nach Madonna in den Trümmern, führte ich fast alle meine Besucher — auch viele ausländische — und alle spürten auf ihre je eigene Weise das Mysterium, das von diesem Ort ausstrahlt. Hier war es auch, wo ich über Jahrzehnte mit vielen meiner Gäste (im Gegensatz zu den neugierigen Touristen) schweigend betete und auch immer wieder mal versuchte, jene zu trösten, zu ermutigen und zu segnen, die rein zufällig vorbeikamen. Zwei Beispiele: Ich erinnere mich an eine junge Frau aus Sankt Petersburg, die sich weinend neben mich auf die Wandbank gesetzt hatte. Wir sprachen kein Wort, aber nach einiger Zeit, als sie immer noch Tränen vergoss, legte ich meine Hand auf ihre — und gab ihr so zu verstehen, dass sie nicht allein sei. Als wir später, etwa zeitgleich, die Kapelle verließen, erzählte sie mir aus ihrem Leben — ein hartes Schicksal hatte sie getroffen. Sie war zwar orthodox getauft worden, aber ohne Gott aufgewachsen. Wie sie mir Jahre später einmal schrieb, hatte sie

in der kleinen Kolumbakapelle zum Gott ihrer Väter zurückgefunden. Noch lange nach meinem Weggang aus Köln zündete sie alle paar Wochen bei der Madonna in den Trümmern ein paar Teelichter an und schrieb ihre Sorgen, meist in russischer Sprache, in das offen liegende Fürbittenbuch … Und da war noch eine ältere Dame aus dem Münsterland, die es vor Jahrzehnten in den Kölner Großraum verschlagen hatte. Als wir uns erstmals begegneten, ging sie schon auf die 90 zu. Sie wollte im Dom ein wenig ausruhen und zur Stille kommen, aber als sie die Scharen von Touristen aus aller Herren Länder erblickte, schüttelte sie nur den Kopf. Da schlug ich einen kurzen Besuch bei »Maria in den Trümmern« vor. Sie, die alte Dame, war vorher noch nie dort gewesen und staunte, mitten im lärmenden Kölner Zentrum diese Oase der Stille zu finden; ein zum Beten und Verweilen geeignetes Kapellchen. Seitdem, wenn sie, die inzwischen 93-Jährige, bei mir anruft, kommen wir immer wieder auf die Madonna in den Trümmern zu sprechen, ein sakraler Ort, wo man in der Tat seelische Kräfte wieder neu tanken kann.

Adalbert Ludwig Balling CMM

◀ *Sakramentskapelle*

Kindheitserinnerungen

Ich habe das Glück, ganz in der Nähe von Altötting geboren zu sein. Altötting ist sozusagen unser Nationalheiligtum, das seit Jahrhunderten das »Herz« Bayerns genannt wird. Es ist das wahre »Herz« dieses Landes, weil wir dort der Mutter und damit dem Herrn begegnen. Dort finden wir in allen Wechselfällen der Geschichte, in allen Schwierigkeiten, die es auch in der Gegenwart gibt, mit dem Schutz der Mutter auch wieder die Freude des Glaubens.

Ich fühle mich geistlich zu Hause in **Altötting**. Seit meiner Kindheit sind wir immer hierhergekommen. Und so verbinden sich durch alle Jahre meines Lebens viele Erinnerungen mit diesem Wallfahrtsort, der für mich immer der Inbegriff des Schönen gewesen ist. Altötting ist in meine frühesten Kindheitserinnerungen hineinverwoben und es gehört einfach zum ganzen Gefüge meiner Lebenserinnerungen, von diesen frühen Anfängen an bis dann durch alle Phasen meines Lebensweges hindurch.

Vielleicht erwähne ich gerade auch, dass, als mein Bruder und ich vom Krieg heil heimgekommen waren, unser Vater, der immerhin schon 68 Jahre alt war, zu Fuß den weiten Weg von Traunstein nach Altötting gegangen ist, um der Gottesmutter zu danken, dass seine beiden Buben wieder heimgekommen waren, deren

Schutz er sie anvertraut hatte. Und so geht das Geflecht der Erinnerungen weiter, dann hin zum Papstbesuch 1980 — unvergesslich —, wo ich Johannes Paul II. durch die Gnadenkapelle und auch den Umgang geleiten durfte und er das katholische Herz Bayerns spürte, und er spürte, da ist wirklicher Glaube zu Hause, da ist die Muttergottes, und die Menschen lieben sie und kommen zu ihr. Zu dieser Mutter pilgern die Menschen seit Generationen hier nach Altötting. Ihr vertrauen wir unsere Sorgen, Nöte und Bedrängnisse an. Von Maria lernen wir die helfende Güte, aber auch die Demut und die Großzügigkeit, Gottes Willen anzunehmen und ihm zu glauben, dass seine Antwort das Gute für uns ist.

Benedikt XVI.

Mein Jesus
Gebet auf dem Weg zur Wurmlinger Kapelle

Meine Jesus-Gebetskette vom Kloster Karakalou auf dem Berg Athos und das regelmäßige »Jesus-Gebet« sind meine alltagstaugliche spirituelle Heimat: »Herr Jesus Christus, Sohn Gottes, erbarme dich unser. – Kyrie eleison, Christe eleison.«

Schon als Theologiestudent in Tübingen habe ich mich auf diesen inneren Suchprozess gemacht: Wie geht Meditation? Damals war die sogenannte »transzendentale Meditation« des Maharishi Mahesh Yogi in aller Munde. Auch ich habe mich damals damit beschäftigt, aber

schnell gemerkt, dass dies für mich als Christ nicht der richtige Weg sein kann. Der Jugendseelsorger Bernhard Winkler hat mir dann das Buch in die Hand gedrückt »Aufrichtige Erzählungen eines russischen Pilgers« (Herder Verlag). Ich habe es mehrfach gelesen und zunächst ganz alleine meinen Weg mit dem Jesus-Gebet begonnen. Vor Jahren konnte ich dann mit Pater Maximos auf dem Berg Athos im Kloster Karakalou von einem dort lebenden Mönch eine kompetente Initiation bekommen.

Meine spirituelle Heimat ist nicht ortsgebunden, sie gründet in diesem täglichen **Jesus-Gebet**. Es führt mich immer wieder im Alltag. Oft betet es schon in mir, wenn ich auf meinen Vortragsreisen unterwegs bin, mit meinen Walkingschuhen, oder vor dem Einschlafen am Abend. Ich bin mehr als dankbar, dass ich diese spirituelle Kraft des Jesus-Gebetes in mein Leben integrieren konnte. Tatsächlich »transzendiere« ich damit die vielen Tausend Gedanken, die mir immer wieder durch den Kopf gehen. Meine Jesus-Gebetskette, die ich um mein Handgelenk trage, ermutigt mich zur spirituellen Konzentration.

Geheimnisvoll ist, dass es einerseits darauf ankommt, dieses »Jesus-Mantram« — so kann man das Jesus-Gebet auch religionswissenschaftlich einordnen im Blick auf die Meditationswege in anderen Religionen — vor sich hin zu beten und sich auf die ständigen Wiederholungen einzulassen. Die Eingebungen aber, die mir dabei immer wieder kommen, sind oft überraschend: Gottesnähe spüren, diakonisch handeln, Familienkatechese entwickeln und Befreiungstheologie tiefer verstehen.

Albert Biesinger

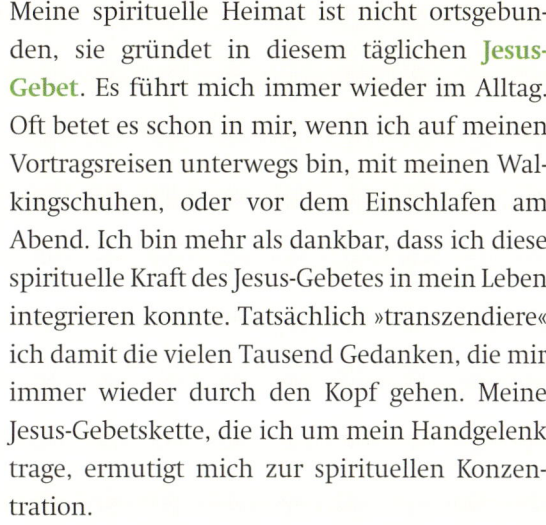

◀ Wurmlinger Kapelle (St. Remigius) bei Rottenburg

Zu Hause

Es gehört zu den schönen Privilegien eines Bischofs, dass er eine eigene **Kapelle im Haus** hat. Mit wenigen Schritten kann ich sie mitten im Getriebe des Alltags oder in den stillen Zeiten des Morgens und des Abends erreichen. Ich habe IHN zu Hause und kann bei IHM zu Hause sein. Alle Sorgen und Nöte, alle Freuden und Dankbarkeiten nehme ich dorthin mit. Von da aus segne ich jeden Tag die Stadt und das ganze Bistum mit allen, die darin leben, lieben und leiden. Seit 22 Jahren ist mir dieser Ort heilig.

Bischof Dr. Franz-Josef Bode

Bischofskapelle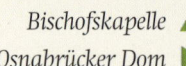
Osnabrücker Dom ▶

Ein goldenes Wunder

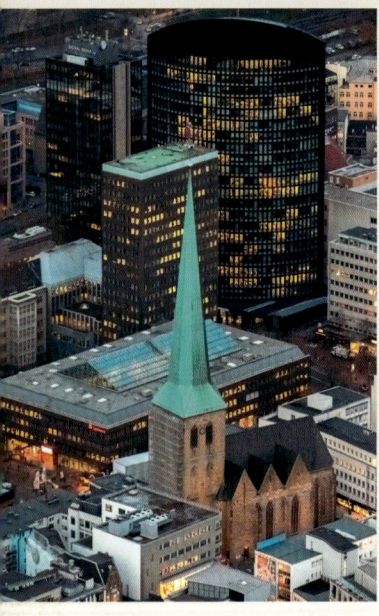

Einen einzigen spirituellen Ort zu nennen, der mir besonders wichtig, ist gar nicht so einfach — denn es sind durchaus sehr verschiedene Orte, an denen ich Kraft finde und mich Gott nahe fühle.

Einer dieser Orte ist die evangelische **Stadtkirche St. Petri** mitten in der Dortmunder Innenstadt. Diese Kirche mit dem berühmten »goldenen Wunder« (flämischer Flügelaltar aus dem 16. Jh.) ist ein ganz besonderer Kraftort inmitten der umtriebigen und mitunter hektischen und geschäftigen Einkaufsmeile von Dortmund.

Nicht nur die schlichte Erhabenheit der Gotik, die Helligkeit, die durch die Glasfenster hindurchkommt und der warme Ton der Steine umfangen einen, sondern auch der »Geist« von St. Petri.

Ich habe in dieser Kirche wunderbare Gottesdienste gefeiert und spirituelle Erfahrungen gemacht, die weit über den Rahmen des üblichen kirchlichen Lebens hinausgehen.

Ich möchte hier nur einige herausstellen:

- die Feiern am Labyrinth, das den gesamten Kircheninnenraum erfüllte und in das wir mit allen GottesdienstteilnehmerInnen hinein- und hinausgepilgert sind
- die Salbungsrituale in den Fastenzeiten des Kirchenjahres
- das Handauflegen, das in den Sommermonaten den Menschen Kraft und Trost spendet
- die monatlichen Gottesdienste mit einer schlichten, aber tief anrührenden Liturgie und Predigt
- die Heil- und Kraftgesänge aus aller Welt
- besondere Liturgien und Rituale — auch aus anderen Religionen

An diesem spirituellen Kraftort kann ich auftanken in kraftlosen Zeiten, kann meinen Tränen freien Lauf lassen und so sein, wie ich bin.

Aber ich werde auch inspiriert, spirituell und intellektuell, ganz lebensnah und gleichzeitig tief und manchmal auch verstörend.

Und ich finde Ruhe und Geborgenheit, Ermutigung und Vertrauen — in Gott — und offene Menschen auf dem Weg!

Ulrike Böhmer

»Du siehst mich«

Mein liebster Zufluchtsort ist noch immer die Natur, der **Wald**. Als Kind war ich jeden Sonntag mit der Familie im Wald unterwegs, wir haben Esskastanien gesammelt und Heidelbeeren. Es dauerte ewig, bis wir eine Milchkanne voll hatten. Später habe ich mit den Pfadfindern im Wald Schnitzeljagden veranstaltet und Weidenpfeifen gebastelt.

Aber eigentlich ist mein wichtigster Ort kein Punkt auf der Landkarte, sondern ein Mensch: **mein Mann** Klaus Jensen. Er ist mein Ruhepol und meine Kraftquelle, meine Heimat und mein Herzenspartner — einfach der Glücksfall meines Lebens.

Einen Energieschub für meine politische Arbeit gibt mir auch das **Hambacher Schloss**. Es steht für Freiheit, Gerechtigkeit, die Wiege der Demokratie. Und in mir weckt es das schöne Freiheitsgefühl meiner Kindheit, denn ich habe hier als Mädchen viele unbeschwerte Stunden verlebt.

Für ein Gebet brauche ich keinen besonderen Ort. Natürlich gibt es wunderbare Kirchen, insbesondere in Rheinland-Pfalz. Darin empfinde ich ein Gefühl von Verbundenheit mit den vielen Menschen, die dort über Jahrhunderte ihre Nöte und Hoffnungen vor Gott getragen haben. Für meinen Glauben trifft aber eher zu, was im Kirchentagsmotto 2017 zum Ausdruck kommt: »Du siehst mich« — ganz gleich, wo ich bin und was mich im Augenblick gerade bewegt. Dieses Vertrauen gibt mir die Kraft, optimistisch zu leben und Politik zu gestalten.

Malu Dreyer

In Gott geborgen

Mein besonderer spiritueller Ort ist der Hochaltar in meiner **Bischofskirche St. Marien** am Alexanderplatz. Mit ihm verbindet sich eine geistliche Erfahrung, die nun schon viele Jahre her ist. Es war mein Vorstellungsgottesdienst im Rahmen der Bischofswahl. Damals war es für mich noch völlig offen, ob ich zum Bischof gewählt werden würde. Ich war aus dem Rheinland angereist, um mich mit einer Predigt und einem Vortrag den Kirchenmitgliedern in Berlin vorzustellen. Dazu gehörte es auch, die Liturgie in dem Gottesdienst zu gestalten, in dem ich zu predigten hatte. Noch nie war ich in St. Marien gewesen, noch nie hatte ich eine Liturgie gesungen. Die Kirche war bis auf den letzten Platz gefüllt. In der Eingangsliturgie drehte ich mich zu dem barocken **Hochaltar** mit dem zentralen Bild der Kreuzabnahme in der Mitte um. Zur Linken sah ich den angefochtenen Jesus im Garten Gethsemane, zur Rechten den zweifelnden Thomas, der seine Finger in die Wunden Jesu legen durfte. Zum ersten Mal sang ich in einem Gottesdienst: »Kyrie eleison«. Und dann geschah es. Tausend Stimmen in meinem Rücken erwiderten: »Herr, erbarme dich.« Wie ein sanfter Hauch des Geistes umhüllte mich der Gesang der Gemeinde. So et-

was hatte ich noch nie erlebt. Ich war überwältigt. Seither ist dieser Ort mein besonderer spiritueller Ort. In jedem Gottesdienst, den ich in meiner Bischofskirche feiere, fühle ich mich vor diesem Altar in Gott geborgen.

Bischof Dr. Markus Dröge

Die Bäume grüßen

Mein bevorzugter Ort der Besinnung, der Ruhe und der eremitalen Zurückgezogenheit ist der Wald. Hier finde ich zu mir und zu Gott. Hier habe ich gute Gedanken.

Der Wald hat die wunderbare Eigenschaft, Belastendes zu erleichtern und den Druck aus Bedrückendem zu nehmen. Er lässt Seele und Leib gesunden.

Es gibt vertraute Wälder, wie den Wald im Mühltal bei Eisenberg oder auf dem Großen Inselsberg bei Bad Tabarz, da habe ich den Eindruck, es grüßen mich die Bäume, weil sie mich kennen und viel von mir wissen.

Sauerstoff gibt's reichlich und in Gottes Natur bin ich mit Gott und Natur eins.

Gunther Emmerlich

Göttliche Musik

Die **St. Anna-Kapelle** des Hotels Relais & Châteaux Dollenberg in Bad Peterstal-Griesbach im schönen Schwarzwald gelegen ist mein geistlicher Lieblingsort. Dort bin ich meiner verstorbenen Freundin und hochverehrten Seniorchefin des Hotels, Anna Schmiederer, sehr nahe — wie auch meinen vielen anderen verstorbenen Freunden und Verwandten. Hier kann ich ungestört meine innere Einkehr finden und geistliche und spirituelle Kraft schöpfen, die in meine Kompositionen einfließt.

Außerdem hat mich der **Petersdom** in Rom, in dem ich mehrmals mit meinen Chören konzertiert habe, sehr geprägt. Dieser heilige Ort erweckt in mir eine Ehrfurcht und ein Staunen über die Aura, die man dort empfängt.

Gotthilf Fischer

 Petersdom
◀ St. Anna-Kapelle

Drei Orte, die mich bewegen

Der erste Ort ist die romanische Kirche **St. Georg** auf der Insel Reichenau im Bodensee. Dort habe ich dort zum ersten Mal in meinem Leben Brevier gebetet, wenige Tage nach meiner Diakonatsweihe. Ich war mit drei anderen jungen Theologen per Auto auf dem Weg von Innsbruck nach Paris. Dort haben wir einen Monat lang Sozialarbeit gemacht. Ich denke voll Sehnsucht an die Kirche auf Reichenau. Der zweite geistliche Ort ist der **Kölner Dom**. Wann immer ich nach Köln komme, bin ich dort und bin fasziniert von der Erhabenheit. Ich besuche die Madonna von Stephan Lochner, die Heiligen Drei Könige und lande in der Sakramentskapelle. Als ich beim Weltjugendtag für das Fernsehen arbeitete, war ich

täglich im Dom. Mich bewegt dort die Frage: Warum ist es der heutigen Menschheit nicht mehr möglich, solche Bauwerke zu schaffen? Was fehlt der Menschheit, dass sie zu solchen Meisterleistungen nicht mehr fähig ist? Heute fragt man: Wie ist es heizbar, wie kann man es bestuhlen, wie groß muss es sein? Der Kölner Dom war für das Köln von vor 800 Jahren unendlich zu groß, völlig überflüssig. Ich kann nur sagen: Herr lehre uns wieder beten!

Der dritte geistliche Ort ist natürlich in Rom. Es ist die kleine Seitenkapelle »San Zeno« in der

Kölner Dom

Deckenmosaik in der Kapelle San Zeno

Kirche Santa Prassede. In dieser Kapelle sind herrliche Mosaike. Von der Decke schaut Christus aus einem Medaillon herunter, das Engel tragen. Direkt daneben aber wird die Geißelsäule Jesu von etwa 70 cm Höhe gezeigt. Hier bete ich gerne den schmerzhaften Rosenkranz. Die Säule war wohl nicht so hoch, wie sie viele Künstler malen. Ein Engel auf der Engelbrücke trägt eine solch kurze Säule. In dieser Kapelle bin ich gerne bei dem Gegeißelten.

P. Eberhard von Gemmingen SJ

▲ *Innenansicht der Kirche St. Georg*
◀ *St. Georg auf der Insel Reichenau*

Ein Hauch von Franz von Assisi in Berlin

Was hat Franz von Assisi, der Heilige aus dem italienischen Bergen, der 1226 starb, mit dem Ludwigkirchplatz in Berlin zu tun? Für uns Heutigen tönt sein berühmter »Sonnengesang« wie aus einem fernen Paradies. Wir erleben die darin besungene heile Welt nicht mehr — aber wir sehnen uns nach der Stimmung und nach dem Glauben, aus dem der »Sonnengesang« hervorging.

Der **Ludwigkirchplatz** lädt wie kaum ein anderer Ort in diesem Sprengel Wilmersdorf zum Verweilen ein. Er bietet etwas für die Seele des gehetzten Großstädters. Mitten im Lärm der City West gelegen, ist dieser kleine Platz vor der Kirche wie eine Oase der Stille. Und nicht erst, seit die Franziskaner diese Kirche betreuen, atmet das ganze Areal etwas von jener Schönheit und Stille, die der heilige Franziskus so unvergleichlich besungen hat. Dabei ist die Kirche St. Ludwig eine der wenigen frei stehenden katholischen Kirchen in Berlin, viele andere sind unauffällig in die Fassadenfluchten der Wohnhäuser entlang der Straßen eingefügt. Im Hochsommer 1897 wurde die Kirche auf den Namen König Ludwigs IX. von Frankreich geweiht, sie soll aber zugleich ein »Denkmal für den großen Katholikenführer Ludwig Windthorst« sein, wie es in der Chronik heißt.

Drumherum lärmendes Großstadtleben mit dem Kinderspielplatz, unzähligen Boutiquen und Kneipen. Und mittendrin der Kirchplatz, ein blumenbestandenes Rondell mit einem schönen Springbrunnen. Er ist wie ein Kontrapunkt zum urbanen Rhythmus. Die Bäume, die den Platz und sein Gotteshaus säumen, schützen das Ensemble vor der allzu hysterischen Metropole. Und was will die Kirche auch anderes sein als eine Einladung zur Ruhe, zur Stille, zur Einkehr? Der so typische Duft aus steinernen Wänden, Weihrauch und Kerzenwachs gibt uns Kirchgängern das Gefühl des Vertrauten und Geborgenen. Es ist zugleich ein Angebot und seine Erfüllung: Kontemplation und »heitere Entspanntheit« eben.

Monika Grütters

Das andere

Er ist zwar sehr stattlich mit seinem guten 1,20 Meter Stockmaß, doch Ja-Sagen kann er noch nicht richtig. Er übt es jeden Morgen, wenn ich ihm und seinem Halbbruder das Futter bringe. Freddi und Fridolin sind zwei zweijährige **Poitou-Esel**, die seit April 2017 als Mitarbeiter des Institutes für Theologische Zoologie in Münster die Menschen in ihren Bann ziehen.

Und wenn ich bei ihnen bin, länger neben ihren warmen und zotteligen Leibern im Stroh sitze, ihren warmen Atem spüre und das regelmäßige Zerkauen des Heus höre, fällt mir ein, was Martin Buber einmal nach einer Begegnung mit einem Schimmel geschrieben hat:

» …was ich an dem Tier erfuhr, war das andere, die ungeheure Anderheit des anderen, die aber nicht fremd blieb, wie die von Ochs und Widder, die mich vielmehr ihr nahen, sie berühren ließ. Wenn ich über die mächtige, zuweilen verwunderlich glatt gekämmte, zu andern Malen ebenso erstaunlich wilde Mähne strich und das Lebendige unter meiner Hand leben spürte, war es, als grenzte mir an die Haut das Element der Vitalität selber, etwas, das nicht ich, gar nicht ich war, gar nicht ichvertraut, eben handgreiflich das andere, nicht ein anderes bloß, wirklich das andere selber, und mich doch heranließ, sich mir anvertraute, sich elementar mit mir auf Du und Du stellte.«

Mein Denken ruht, die Körperspannung lässt nach und wenn mich Fridolin dann mit seinen unfassbar braunen und großen Augen anschaut, fühle ich großen Trost und Lebensmut.

Diese großen und reinen Seelen lehren mich täglich, dass ich allen Verzweckungen des Lebens widerstehen möchte; denn Fridolin ist immer ganz und gar Fridolin, macht mir und niemandem etwas vor. Ich muss — mal mehr, mal weniger gern — der echte Rainer Hagencord werden; und in diesem lebenslangen Projekt habe ich mit ihm und Freddi die besten geistlichen Begleiter an meiner Seite, die ich mir denken kann.

Dr. Rainer Hagencord

Nachtruhe

Schon seit meiner Kindheit ist für mich der Ort, an dem ich Christus in der Eucharistie begegnen kann, Heimat. Aufgewachsen in einer gläubigen Familie, suchte ich früh die stille Einkehr beim eucharistischen Herrn. Hier wuchs eine Beziehung, die alle Höhen und Tiefen meines Berufungsweges überdauerte. Es war die Gewissheit, die einmal eine Schulschwester mir auf ein Fleißbildchen schrieb: »*Auferstanden bin ich und nun immer bei dir. Halleluja.*« Erst viel später entdeckte ich, dass dieser Satz der Introitus, der Eröffnungsvers, des Osterfestes ist und folgende Fortsetzung hat: »*Du hast deine Hand auf mich gelegt. Halleluja. Wie wunderbar ist für mich dieses Wissen. Halleluja.*«

Während meines Theologiestudiums lernte ich die Theologie des Neutestamentlers Heinrich Schlier kennen († 1978). Ein Gedanke von ihm ließ mich nicht mehr los: Wenn Gott mich ansieht, dann bin ich Gottes Augenblick – ein Schlüssel, um das Vermächtnis dieses Theologen zu verstehen. In seinem Gedicht »*Was bin ich?*« wiederholt er: »*Gott sieht mich. Ich bin sein Augenblick.*« (Werner Löser, Theologie als Zeugnis. Weg und Vermächtnis Heinrich Schliers, in: GuL 52/1 (1979) 60–67, hier: 60).

Im Glauben daran, den Sehenden zu schauen – wie der hl. Augustinus (Augustinus, sermo 69,2, in: CCM XLI Aa, 461) es ausdrückt –, empfehle ich mich täglich mit meinen Mitbrüdern im Versikel »Behüte uns wie deinen Augenstern, birg uns im Schatten deiner Flügel« (Ps 17,8) Gott an, der uns unsagbar nahe ist. Vor der Nachtruhe kehre ich noch einmal zum Tabernakel zurück, wo das Ewige Licht brennt. In der Gewissheit, dass er mich ansieht und ich ihn unter der verborgenen Gestalt des Brotes anbeten darf, erneuere ich mein Vertrauen, indem ich mein Leben und mein Tagewerk, die mir Anvertrauten und die Menschen, an die niemand mehr denkt, in die Barmherzigkeit Gottes hineinlege. Aus dieser Begegnung wachsen der Friede und die Sehnsucht, die schon Simeon erfüllte, wenn er im »Nunc dimittis« singt: »Denn meine Augen haben das Heil gesehen, das du vor allen Völkern bereitet hast.«

Abt Dr. Maximilian Heim OCist

Verflochten

Am Palmsonntag des Jahres 1133 haben Bauleute und Mönche im Auftrag des heiligen Markgrafen Leopold von Österreich aus der Familie der Babenberger den Sonnenaufgang anvisiert und daraus die genaue Ausrichtung des Langhauses der **Stiftskirche von Heiligenkreuz** festgelegt. Genau eine Woche später, am Ostersonntag, haben sie nach gleicher Methode die Ausrichtung von Querschiff und Presbyterium bestimmt. Aus der astronomischen Logik ergab sich der leichte Knick zwischen den beiden Bauteilen der Klosterkirche. Genaue Vermessungen der letzten Jahre kamen zu diesem Ergebnis, woraus das Gründungsdatum, das oft umstritten war, für 1133 naturwissenschaftlich bewiesen ist.

Damit beginnt die Geschichte von Kirche und Kloster in Heiligenkreuz. Diese Geschichte ist eine Geschichte des Gebets von bald 900 Jahren. Seit nunmehr bald 40 Jahren bin ich persönlich in diese Geschichte des Gebets durch meine Berufung als Zisterzienser von Heiligenkreuz hineinverflochten. Diese Vorstellung einer so langen Gebetstradition war für mich immer ein ungemein hilfreiches Element für das Gebet.

Dies ist nun sicherlich einerseits das offizielle und öffentliche Gebet im Auftrag der Kirche als Meditation der Psalmen nach der Weise des Gregorianischen Chorals in der Gemeinschaft der Mitbrüder.

Andererseits aber ist dieser kostbare Raum, bestehend aus dem romanischen Langhaus und dem gotischen Hallenchor, für mich auch der bevorzugte Ort des persönlichen Gebetes über das Chorgebet hinaus. Hier habe ich meine Feierliche Profess abgelegt, die Priesterweihe empfangen, hier wurde ich zum Abt geweiht. Hier durfte ich auch erleben, dass Papst Benedikt XVI auf meine Einladung hin Stift Heiligenkreuz besuchte, vor der Kreuzreliquie still betete und uns sein geistliches Wort schenkte. All das ist für mich Anlass für große Dankbarkeit — und Gebet sollte ja vor allem diese Dankbarkeit zum Inhalt haben.

Wenn einmal der Sarg mit meinen sterblichen Überresten beim Requiem hier stehen wird, so darf die Dankbarkeit nicht enden.

Altabt Gregor Henckel Donnersmarck OCist

Ich gebe Gott meine Zeit

Frauenkirche (Münchner Dom)

Kirchen sind für mich mit Heiligkeit beseelte Orte. Gerade dort, wo es einen Tabernakel gibt, fühle ich mich besonders zu Hause, weil ich weiß, dass dort ein bewohnter Ort ist. Der Tabernakel verkündet uns ja, dass dort Jesus Christus sein Zelt unter uns Menschen hat. Das erlebe ich besonders als Mesner auf **Herrnrast**, einer kleinen Wallfahrtskirche in der Nähe von Pfaffenhofen an der Ilm. Bevor ich dort meinen Dienst als Mesner tue, verweile ich erst einmal im Gebet.

Seit meiner Kindheit besuche ich Wallfahrtsorte: ob Maria Eck, Maria Beinberg — ein alter Wallfahrtsort, der neu belebt wird — oder die **Ranftkapelle** unterhalb des Flüeli in der Schweiz. Dort bete ich und fühle mich geborgen wie in jeder Kirche. Oft sind ja schon seit Jahrhunderten Menschen in die Kirchen gekommen, um dem lieben Gott ihre Freuden und ihre Leiden zu erzählen, ihn zu bitten, aber auch das Sakrament der Versöhnung zu empfangen.

Eine Kirche, in der ich mich Gott sehr nahe fühle, ist **Dschwari** in Georgien, weil diese Kirche auf einem Berg liegt.

Besonders gerne gebe ich Gott meine Zeit in der heiligen Messe — auch am Sonntag als Ministrant im **Dom in München**. Freilich kann man in der Natur auch spirituelle Gedanken haben. Da ist es gut, den Rosenkranz zu beten.

In der Kirche empfinde ich Geborgenheit und das erfüllt mich mit geistlicher Kraft.

Claus Hipp

Kloster Dschwari in Georgien

Erfüllt von Gottes Geist

»Preist den Herrn ihr Meere und Flüsse, lobt und rühmt ihn in Ewigkeit« (Dan 4,78).

Spirituelle Orte und Wege – sie gehören für mich immer zusammen. Wege führen zu Orten, vernetzen sie und weisen über sie hinaus in die unendliche Weite.
Ich liebe die Dolomiten mit ihren weißen Spitzen gen Himmel, den blühenden Wiesen, den Kapellen und Bildstöcken, die uns daran erinnern, dass Gottes Geist alles erfüllt. In Hamburg ist es der mächtige Strom der Elbe. Im Herzen Europas entsprungen, führt er in die weite Welt Gottes. Er ist eine starke Quelle des Lebens. Seine Macht ist gewaltig, er weist Wege, die verbinden. Aber seine zerstörerische Kraft bedroht auch das Leben. Ich liebe die Elbe, die Wege an ihr entlang, besonders an der Geest

▲ *Dolomiten*
◄ *Die Elbe bei Lauenburg*

in Richtung **Lauenburg**. Ich gehe durch Gottes Schöpfung, uns in die Hände gegeben, und wir bleiben ein Teil von ihr.

Der Weg kann lang werden, die Füße schleppen sich. Und die Augen sehen, die Nase riecht es: die ersten Maiglöckchen, das kräftige Gras, die vereinzelten Pilze, die ich nicht stehen lassen kann.

Immer begleitet mich ein kleines **Büchlein**; es sind die 150 Psalmen der Bibel. Sie passen in die Jacke oder in die Hemdtasche. Erstmals hat sie Hieronymus (4. Jh.) ganz genau aus dem Hebräischen ins Lateinische übersetzt; sie gelten bis heute, sie verbinden in einer schönen Sprache die Kirche über die Grenzen und Zeiten hinweg. Ich lese: Die Schöpfung ist ein Werk von Gottes Großmut und Liebe, schön und gewaltig, geheimnisvoll und bedrohlich. Wir können Gott nicht in die Karten schauen, aber er hält sein Werk und jeden einzelnen Menschen für immer in seinen Händen. Er zeigt uns sein menschliches Gesicht. Er ist der Geist, der alles erfüllt.

Weihbischof Dr. Hans-Jochen Jaschke

Mein kleines Paradies

Seit zwei Jahren wohne ich auf dem Land. Ein Stadtkind aus Münster, mit Neigung zur Blütenpollenallergie und an die vertrauten Stadtgeräusche gewöhnt, zieht es aufs Land und wohnt in einem zugegeben sehr schön umgebauten alten Speicher. Konnte das gut gehen?

Wenn ich ehrlich bin, habe ich es erst einmal für meine Frau getan. Sie liebt die Natur, die Tiere und den Garten, den sie hegt und pflegt. Wir kommen somit in den Genuss von schadstofflosem Gemüse und Obst, schmackhaften Kräutern und fantastisch leckeren selbst gemachten Marmeladen und Säften. Mittlerweile liebe ich das Landleben, weil ich hier die Jahreszeiten und das Wachsen und Werden von Gottes schöner Welt mit allen Sinnen erleben darf.

Aber was diesen Ort für mich zu einem wahren Paradies macht, ist die **alte Grotte**, die am Ende des Gartens, hinter unserem Haus angelegt wurde. Das Alter dieser Grotte ist schlecht einzuschätzen, es gibt auch keine verlässlichen Unterlagen, aus denen ersichtlich wird, wann dieses kleine Paradies gebaut oder restauriert wurde. Als ich die Grotte zum ersten Mal entdeckte und auf sie zuging, spürte ich gleich, dass dies ein besonderer Ort ist.

Was mir sofort auffiel, war die helle **Steinskulptur** mit dem Engel und dem betenden Kind. Das hat mich sehr berührt, weil es mich an meine Kindheit erinnerte und an meine Großmutter, die ich über alles geliebt habe und die oft an meinem Bett saß und das »Vaterunser« mit mir betete. Ich hatte als Kind natürlich die Bedeutung des Gebetstextes nicht verstanden, aber ich habe mich immer beschützt und gemeint gefühlt.

Meine Schritte führen mich oft schon frühmorgens in die Grotte. Dann mache ich meine täglichen Dehn- und Atemübungen. Danach schließe ich die Augen und spreche das »Vaterunser«. Anschließend öffne ich sie, hebe meinen Blick und denke und fühle ein großes DANKE, während ich die volle Schönheit des Gartens und die Pracht der Natur betrachte. In solch einem Augenblick fühle ich mich Gott sehr nahe.

Detlev Jöcker

»Wir brauchen Stille, um unsere Sehnsüchte zu stillen!«

Ich habe vor einigen Jahren entdeckt, wie viel Kraft in der Stille zu finden ist. Für einen sehr umtriebigen und quirrligen Typen wie mich war diese Entdeckung tatsächlich bahnbrechend, denn ich hätte niemals gedacht, dass bewusste Stille so viel Gutes in mir auslösen würde. Als Inspirations-Trainer bin ich quasi experimentell an diese Erfahrung herangegangen, da ich in meinen Coachings Menschen immer wieder »Ruhe« statt Reizüberflutung empfehle, wenn sie ihre Ziele erreichen wollen. Also habe ich mich (im Sommer 2008) an einem Tag hingesetzt und

habe auf einen großen leeren Zettel geschrieben »In der Ruhe liegt die Kraft«. Dann habe ich mir gesagt: »Ich werde jetzt einfach mal nichts tun, nichts denken, sondern nur dasitzen und versuchen, auf mein Herz zu hören. Komplett loslassen.« Was ich damals zum ersten Mal erlebte, war recht kurios: Die ersten Minuten waren völlig zäh, nichts passierte. Also dachte ich reflexartig an Gewohnheiten wie »Den Fernseher anschalten« oder »Was könnte ich jetzt essen« oder »Wem könnte ich eine SMS schicken«… immer wieder kamen Gedanken in meinen Kopf, etwas »zu tun«, die ich bewusst verdrängen musste, da ich ja herausfinden wollte, wie es sich anfühlt, wenn man Stille für eine lange Zeit ganz bewusst zulässt. Nach circa 10 zähen Minuten hatte ich endlich alles ausgeblendet, das mich ablenken würde. Plötzlich fühlte es sich richtig an, hier zu sitzen und nur zu »hören«. Auf einmal kamen Gedanken aus meinem Unterbewusstsein hoch, die ich ewig nicht mehr gehabt hatte, etwas, das wir wohl »Sehnsüchte« nennen. Dinge, die tief in meinem Herzen lange Zeit verschüttet waren, waren plötzlich ganz präsent: ein Freund, bei dem ich mich entschuldigen würde, meine Mutter, die ich öfters besuchen sollte und mancherlei Sorgen, über die ich genau in diesem Moment plötzlich einen unerklärlichen Frieden bekam. Darauf hatte ich gewartet, endlich passierte etwas und plötzlich lösten sich diverse Knoten in meinem Inneren. Ein richtiger Schlüsselmoment, der einzig und allein auf Loslassen & Stille basierte. Ich habe an diesem Tag erlebt, dass man in der Stille tatsächlich Gott begegnet. Er sagt ja in Amos 5,4: »Suchet mich, so werdet ihr Leben!« Ich saß also am Ende beinahe eine Stunde lang einfach nur da und lauschte, was Gott mir zu sagen hatte. Ich spürte, wie Zweifel auf einmal einem Geborgenheitsgefühl wichen, als ob Gott selbst neben mir Platz genommen hätte und mir zuflüsterte: »Lass einfach alles Negative los, vertraue mir, denn ich mache alles gut, ich sorge für dich und deine Familie!« Nach diesem faszinierenden Erlebnis war nichts mehr wie vorher. Immer wieder hatte ich nun ein regelrechtes Verlangen nach Stille, weil dieses Experiment mich so eindrücklich berührt hatte. Manchmal, wenn ich aus der lauten, hektischen Stadt nach Hause kam (damals war ich noch Single), saß ich dann einfach stundenlang in meinem Wohnzimmer, oft sogar im Stockdunkeln, und genoss dieses Auftanken bei Gott. Klingt ziemlich verrückt — ist es auch. Aber ich habe damals entdeckt, dass es tatsächlich eine Wahrheit im Leben ist, dass Ruhe stark macht. Seitdem praktiziere ich regelmäßig an allen möglichen Orten dieses »Stille-zulassen« und ich denke, es ist sogar zu einem Filetstück meines Coaching-Programms geworden, Menschen zu lehren, dass sie nichts aus der Ruhe bringen kann, wenn sie aus der Ruhe kommen!

David Kadel

Stein gewordene Aufforderung

Wenn ich vor meinem inneren Auge das Inbild einer Kirche heraufbeschwöre, ähnelt sie verdächtig dem **Dom zu Bamberg**: eine Mischung aus Gotik und Romanik, hell, lichtdurchflutet, mit der eleganten Askese des Mittelalters, nicht dem überbordenden Gold des Barock. Der Dom hat sich auf vielfältige Weise mit meinem Leben verschlungen; mein jüngerer Bruder ist hier getauft worden. Der Dom gehörte an diesem Tag uns ganz allein, doch der Strom und damit die Orgel fiel aus. Ein Freund der Familie, Mitglied der Bamberger Symphoniker, spielte daraufhin auf seiner Geige.

Meine kindliche Fantasie wurde hier erstmals richtig in Gang gesetzt, denn während unseres Kommunionsunterrichts erfuhren wir, dass die Schädel auf den Seitenaltären die des Kaiser Heinrichs und der Kaiserin Kunigunde seien. (Inzwischen sind sie andern Ortes untergebracht.) Da das Kaiserpaar ansonsten im von Tilman Riemenschneider gestalteten Grab liegt, konnte ich nicht umhin, mich zu fragen, wer wohl die Leichen geköpft hatte und weshalb.

Als ich etwas älter und reifer wurde, stellte mir der Dom andere Rätsel. Die Figur der Synagoge zum Beispiel, im Zeichen des mittelalterlichen Antijudaismus blind dargestellt und die Thora in ihrer Hand gebrochen; die feindselige Symbolik ist offensichtlich, doch gleichzeitig sind Figur und Antlitz der Synagoge von einer Schönheit und Zartheit, die sie zu der anmutigsten Figur des an schönen Figuren nicht armen Kaiserdoms machen. Was man erschafft, spiegelt nicht unbedingt die eigenen Intentionen wider; auch das lernte ich in unserem Dom.

Vor allem lernte ich jedoch, den ruhigen Punkt in meiner Seele zu suchen. Still sein; das leise Gemurmel der Touristen eins werden zu lassen mit den Echos des Jahrtausends. Sich dann den inneren und äußeren Nöten zu stellen; nach einer Antwort zu ringen, die man selbst geben kann. Mit anderen Worten: beten *und* tun.

Für mich bleibt der Dom die Stein gewordene Aufforderung zu beidem.

Tanja Kinkel

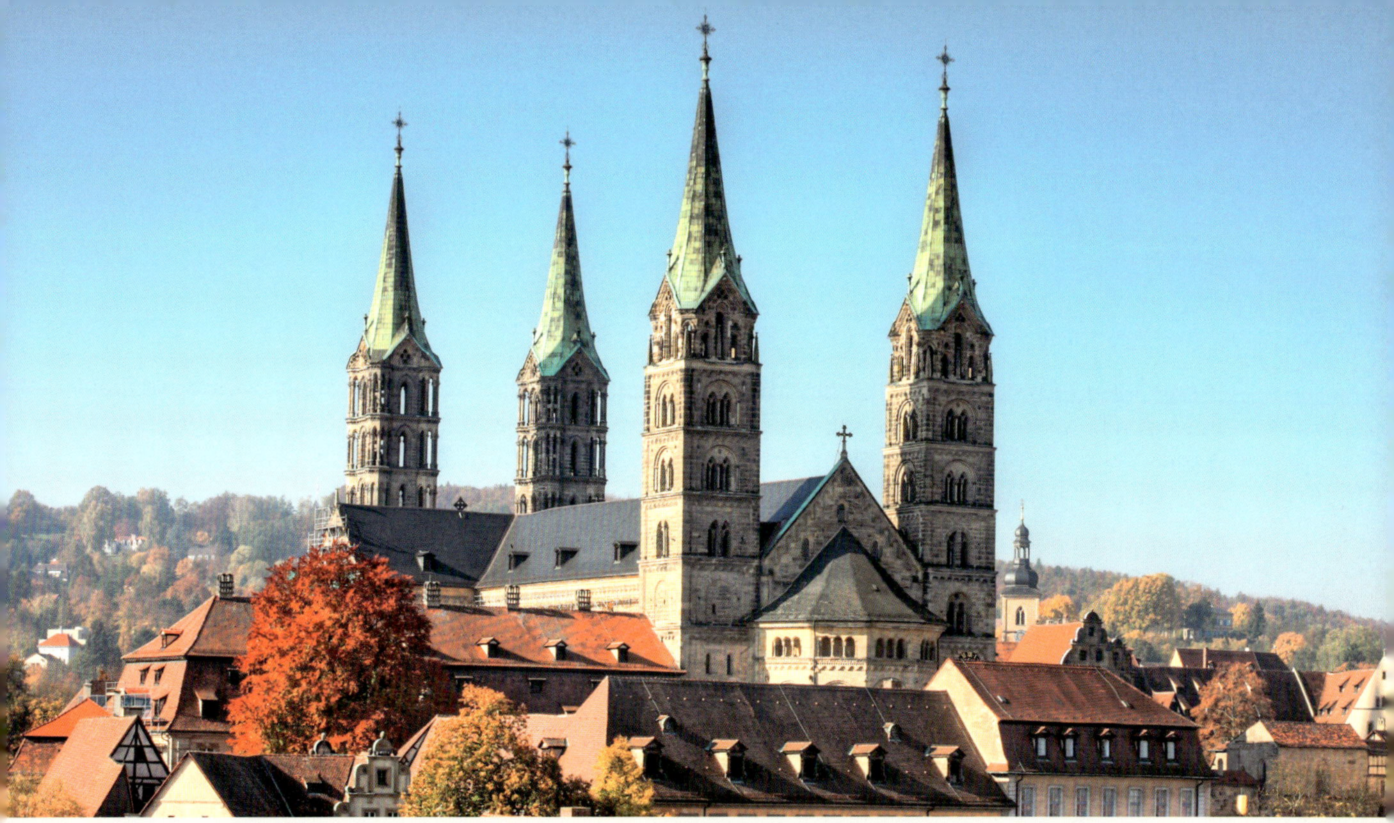

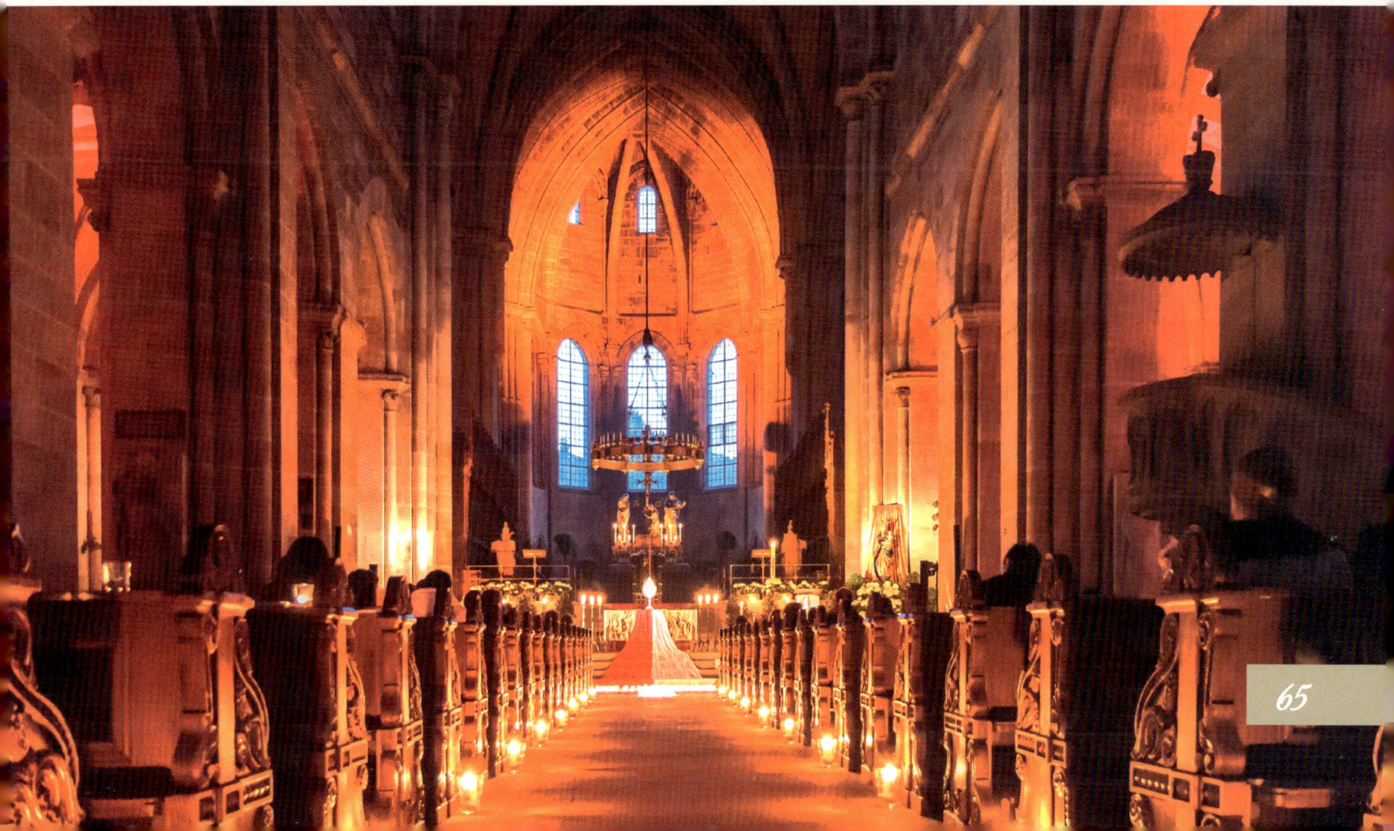

Heimat

Das Altarbild der Stuppacher Madonna ist für mich gleich in doppelter Hinsicht ein »Ort für die Seele«:
Die kleine Kirche in Stuppach bei Bad Mergentheim beherbergt eine der — wie ich finde

Pfarrkirche Mariä Krönung in Stuppach

— schönsten Mariendarstellungen, ein künstlerisches und kunsthistorisches Meisterwerk von Matthias Grünewald. In der Betrachtung dieses Kunstwerks kann die Seele zur Ruhe kommen. Auf dem Bild selber wiederum sitzt die Madonna mit ihrem Kind in einem wunderschönen Garten, eingebettet in die sanfte Landschaft unserer Region — eine Natur, eine Heimat mit Seele.

Die **Stuppacher Madonna** ist mir ans Herz gewachsen. Denn Grünewald ist nicht nur ein Meister des Bildes, sondern auch ein Botschafter des Glaubens:
Die vielen schönen und prächtigen Pflanzen, die Maria umgeben, diese bunte Vielfalt der Natur sind ein Lob an die Schöpfung. Und die Aufforderung an uns: So schön hat Gott die Welt geschaffen, bewahrt dieses Geschenk!

Bei genauerem Hinsehen entdecken wir auch Heilpflanzen und Bienenstöcke, Hinweise auf die heilende und wohltuende Kraft des Glaubens. Eine Mahnung an die Kirchen und die Religionsgemeinschaften: Lasst die Menschen spüren, dass der Glaube gut tut und verbindet, nicht spaltet und zerstört. Tragt Gottes Heil in die Welt!

Und wir erkennen im Hintergrund das Straßburger Münster. Maria sitzt mit Gottes Sohn auf dem Schoß mitten in unserer Heimat. Anders gesagt: Der Glaube ist im öffentlichen Raum präsent. So wie auch das Altarbild selbst nicht in einem Museum, sondern in einer Kirche hängt, mitten im Dorf, für alle sichtbar. Es ist ein Glaubenszeugnis, und als solches gehört es mitten hinein in unserer Gesellschaft. So wie unser Grundgesetz auch sonst vorsieht, dass der Glaube nicht nur im stillen Kämmerlein gelebt werden darf, sondern in der Gesellschaft und für diese. Das ist die Zusage: Der Glaube gehört in den öffentlichen Raum, er soll für die Gesellschaft fruchtbar sein!

Das Bild ist für mich alles andere als nur eine liebliche Mariendarstellung. Es ist ein Kunstwerk mit zentralen Botschaften. Ein Ort für meine Seele.

Winfried Kretschmann

Gemälde der »Stuppacher Madonna«

Ein Hauch Gottes

Es ist nachmittags. Ein stabiles Hoch wölbt sich über dem Land. Ich sitze im **Garten** und schaue — was sich alles vorfindet. Grün ist vorherrschend. Aber nicht als Masse, sondern in der Vielfalt von Farbspielen. Blätter bewegen sich unter den Schwingungen des Windes und leuchten manchmal silbergrau auf, wenn ihre Rückseite sich zeigt.

Meine Augen sind entzückt vom Schauen. Das Blumenbeet ist wie ein Abbild der Schöpfung mit ihren gestalteten Formen und Farben. Rosen, zartweiß mit rosigem Schimmer, zeigen sich von ihrer sommerlichen Seite — also voll aufgeblüht in kräftigen Farben. Gelb wie ein Sonnenstrahl, tiefrot wie Samt. Ein Blütensortiment mit so lebendigem Ausdruck. Es erinnert mich an den Satz eines Dichters: »So tief im Leben ist zu nah am Tod.« Und dann das tiefgründige Blau des Rittersporns — majestätisch hochgewachsen. Und das dunkle Blau des Himmels, das so vieles widerspiegelt. Hinter dem Blumenbeet die Blätterwand voller Efeu — für viele Vögel eine Einladung zum Nestbau.

Ein Blick in die Weite lässt die sanft geschwungenen Umrisse der »Weidacher Höhe« erkennen. Und beim längeren Hinsehen kommen auch die einfliegenden Flugzeuge Richtung Echterdingen in den Blick. Sie sind von leiser Art, weil kurz vor der Landung die Motoren gedrosselt werden. Wie Fische im Meer des Himmels gleiten sie dahin, lärmfrei und perfekt in der Präsentation ihrer technischen Vollendung. Beim Schauen ist mir alles möglich.

Und während meine Augen vom Fernblick zurückkehren in die Nähe des Gartens sehe ich, wie zwei Kohlweißlinge geradewegs vor meinen Augen in der Luft tanzen. Wie sie miteinander spielen, sich gegenseitig umkreisen, überholen, umschwärmen. Wie sie Nähe und Ferne voneinander abtasten, verspielt und heiter. Plötzlich tauchen vom Nachbargarten Krähenvögel auf. Auch sie durchqueren die Luft. Kaum, dass die Augen mitkommen, sie zu begleiten! Eine Krähe landet auf der Lehne der Gartenbank.

Die hat ihre eigene Geschichte. Vielleicht müsste man sagen: ihre eigenen Geschichten. Denn hier haben Henni und ich uns oft in den Abend hinein ausgetauscht, haben den vergangenen Tag vorüberziehen lassen — was gut war und was mühevoll war. Wir haben diese Bank irgendwann erstanden. Wer weiß, was sie erzählen würde von ihrer Vergangenheit, wenn sie reden könnte. Vielleicht von Zärtlichkeiten, von Zerwürfnissen, von Sorgen um die Kinder oder auch von ausgestandenen Ängsten.

Und nun sitze ich immer noch unter dem Baldachin eines Sonnensegels und bin glücklich und dankbar und denke: »Ihr glücklichen Augen, was ihr gesehen, es sei, wie es wolle, es ist doch zu schön!« Man lebt und schaut alles an mit einer Intensität, wie man es früher nicht gekannt hat. Intensität — das ist das Zauberwort. Anstelle der Fülle, die einem in frühen Jahren begegnet ist, nun also die Intensität, eine Genauigkeit des Hinschauens. Sie berührt das Geheimnis von Vergänglichkeit und Faszination. Man wird empfindsamer für den Glanz der Blüten, hört das Zwitschern der Vögel, fühlt das Wehen der Luft — weniger mit dem Verstand als mit den Sinnen und der Seele. Wie gelöst kann ich mich den Träumen beim Verfolgen der langsam ziehenden Wolken hingeben. So bleibt es nicht aus, dass mich ein großes Gefühl durchschauert — Dankbarkeit.

Es ist, als offenbare erst für alte Menschen dieses intensive Anschauen der Geschöpfe auf dieser wunderschönen und geliebten Erde ihr eigentliches Wesen. Was geht da alles in einem vor … So ist der Blick in den Garten belebend — wie ein Hauch Gottes.

Johannes Kuhn

Ein europäisches Bauwerk

Das Wahrzeichen meiner Heimatstadt Aachen ist der Dom. Er ist für mich ein Ort für die Seele. Hier tanke ich Kraft, hier feiere ich immer wieder gern Gottesdienst, und hierher führe ich Gäste, damit sie diesen besonderen Ort kennenlernen.

Der **Aachener Dom** ist ein politischer und ein spiritueller Ort zugleich. Als Grablege Karls des Großen und Krönungskirche vieler Könige war dieses Gotteshaus über 600 Jahrhundert ein politisches Zentrum des Heiligen Römischen Reiches Deutscher Nation. Er ist Bischofssitz und Wallfahrtskirche nicht nur in den Jahren, in denen die Heiligtumsfahrt über 100.000 Pilger aus aller Welt anzieht.

Der Aachener Dom mit seiner über 1.200-jährigen Geschichte ist ein durch und durch europäisches Bauwerk. Jeder Stein symbolisiert, was uns Europäer kulturell und geistig verbindet und trägt. 1978 wurde dieser Dom als erstes deutsches Kulturdenkmal in die Liste des UNESCO-Weltkulturerbes aufgenommen.

Das alles macht dieses einmalige Gebäude zu einem ganz besonderen Ort. Seine einmalige Architektur, seine reiche Ausstattung, seine im-

posante Geschichte beeindrucken mich. Aber trotz dieser Dimensionen ist er zugleich ein Ort des persönlichen Gebets, des Nachdenkens, des Innehaltens. Im Aachener Dom fühle ich mich zu Hause.

Armin Laschet

Garten des Friedens

In unserem Kloster St. Bonifaz haben wir verschiedene Orte des Gebetes: die Basilika für die großen Gottesdienste, die Benediktuskapelle für die Werktagsmessen, die Krypta, wo auch unsere verstorbenen Mitbrüder ruhen, und schließlich die Chorkapelle im Kloster selber, wo wir hauptsächlich unsere Gebetszeiten verrichten. Zumal ich alle diese Räume als Abt mitgestalten durfte, fühle ich mich in allen zu Hause — und beim Herrn.

Seitdem ich nach einer schweren Erkrankung auf den Rollator angewiesen bin, ist mir bei nicht allzu schlechtem Wetter auch unser **Klostergarten** Lieblingsort für das persönliche Beten geworden. Wir liegen ja mitten in der Großstadt, fünf Minuten vom Hauptbahnhof entfernt. So weiß ich: Ich bin mitten in der Großstadt. Aber ich weiß auch: Unser Kloster ist für die Stadt, für die Menschen, die hier leben und arbeiten oder auch sich vergnügen, bestellt, um Ruhe und Frieden in diese unruhige und friedlose Welt hineinzutragen. Ich darf in

diesem Garten auf und ab gehen, die Pflanzen und Bäume betrachten, mich an den Vögeln erfreuen, wie an ein paar Enten, die von weit her zu unserem Brunnen fliegen und sich dort niederlassen.

Ich blicke auf unsere im Krieg zerstörte und nur zur Hälfte wieder aufgebaute Basilika. Ich blicke auf das Pfarrzentrum und das Kloster und seit 15 Jahren auch auf neu errichtete Gebäude für die Jugendarbeit, für die musikalische Ausbildung junger Menschen und für die tägliche Betreuung vieler Obdachloser. Das alles soll ja von uns und mithilfe vieler anderer Menschen getragen werden. So stehen viele Anliegen vor meinen Augen mitten in diesem Garten des Friedens.

Von dem Brunnenteich in der Mitte des Gartens blicke ich auf eine große Christusstatue, den »Vollender«, der seine Arme weit ausgebreitet hat, um alles, was hier geschieht, und alles, was in der Stadt sich bewegt, zusammenzufassen. Ich darf in unserem Garten das alles nachdenkend, bittend, den Rosenkranz betend vor den Herrn bringen. Ich werde der Berufung eines Klosters mitten in der Großstadt inne und darf dankbar ausdrücken, dass im unendlichen Gott alles Endliche seine Vollendung findet.

Altabt Dr. Odilo Lechner

Gott nahe sein

Wir Niedersachsen gelten als sehr heimatverbunden. Daher ist es nicht verwunderlich, dass mein spiritueller Lieblingsort meine Heimatgemeinde **St. Pankratius in Burgdorf** ist. Mit ihr verbinde ich sehr viele persönliche Erinnerungen. Zuallererst die Hochzeit mit meinem Ehemann Heiko im Jahr 1986. Zudem sind mehrere unserer Kinder in dieser wunderbaren Kirche getauft und konfirmiert worden. Auch einige meiner fünf Brüder haben hier den Bund der Ehe geschlossen. Es sind viele schöne, freudige Episoden, aber auch traurige, bewegende Momente, die ich an diesem Ort erlebt habe. Zu Letzteren gehörten die Trauergottesdienste für meinen Vater im Dezember 2014 und für meine Mutter vor 15 Jahren. Seit wir vor über 40 Jahren nach Burgdorf gezogen sind, begleitet mich diese Kirche, die wir auch zu fast jedem Weihnachtsgottesdienst besuchen.

In diesem Jahr feiern wir evangelischen Christen 500 Jahre Reformation. Was für einen Mut hat Martin Luther bewiesen, als er seine Thesen an die **Schlosskirche in Wittenberg** schlug. Für mich ist sie dadurch zu einem Ort und gleichzeitig zu einem Symbol des christlichen Aufbruchs geworden und bis heute geblieben.

Christlich geprägt wurde ich durch mein Elternhaus. Meine Eltern haben den Glauben an mich weitergegeben und ich gebe ihn an meine Kinder weiter. Die **Familie** ist meiner Überzeugung nach der wichtigste spirituelle Ort, denn dort werden die Grundsteine für den christlichen Glauben gelegt. Im Zusammensein mit meiner Familie finde ich Ruhe und Kraft.
Wenn wir alle um den gedeckten Tisch sitzen und gemeinsam unser Tischgebet sprechen weiß ich, hier bin ich zu Hause. Hier bin ich geborgen.

Beten ist für mich nicht an einen konkreten Ort gebunden. Überall, wo Gott sich uns zeigt, kann man mit ihm in Kontakt treten. Oft sind es die kleinen Dingen im Leben, die mich berühren und mich an Gott denken lassen. Ein freundlicher Blick, eine Umarmung, ein schönes Lied oder einfach ein Stück unberührte Natur. Gerade in der **Natur** bin ich Gott sehr nahe. Wie wunderbar hat er alles erschaffen. Ich bin Teil seiner Schöpfung und darf mich in seiner Hand geborgen fühlen.

Ursula von der Leyen

◀ *Schlosskirche zu Wittenberg (oben)*
◀ *St. Pankratius in Burgdorf (unten)*

Singen, Beten, Hören, Schauen

Singen, Beten, Hören, Schauen — von Kindheit an ist die Kirche Sankt Vitus im kleinen Dörfchen Leutenthal im nördlichen Weimarer Land für mich der Urort gottesdienstlichen Geschehens. Hier wurde ich am 01. Juni 1958 getauft und am 30. April 1972 konfirmiert. Hier bekam meine kindliche Frömmigkeit durch die überlebensgroßen Figuren des Mose und des Evangelisten Johannes auf dem Kanzelaltar Fantasie und Prägung. Die bei Umbauten im 18. Jahrhundert bunt bebilderten Emporenfelder boten einschließlich des bemalten hölzernen Tonnengewölbes Anschauung für nahezu alle bekannten alt- und neutestamentlichen Geschichten. In dieser Kirche sangen wir in unseren schwarzen Kurrendemänteln mit den großen weißen Kragen, probten Krippenspiele und führten sie am Heiligabend auf. Die **Kirche von Leutenthal** ist für mich Heimat. Heute bin ich Patin für die Restaurierung eines Emporengemäldes und besuche gern den jährlichen »Leutenthaler Bilderbogen«. Der »Leutenthaler Bilderbogen« bietet der Gemeinde und ihren Gästen von Musik und Liedern

begleitete Erklärungen zur biblischen Geschichte anhand der bildlichen Darstellungen an den Emporen; eine geniale literarisch-musikalische Erfindung im gemeindlichen Leben des Dorfes. Seit 2014 bin ich dort nicht nur als Hörende, sondern auch als Vortragende eingeladen. Mit Wiedersehensfreude und großem inneren Gewinn bin ich bei dieser Veranstaltungsreihe besonders gern dabei.

Christine Lieberknecht

Weite und Licht

Jeder wird »seinen« Ort für seine Seele haben. Und es ist gar nicht so einfach, »den« Ort für meine Seele zu beschreiben. Nun gut, als Theologe und gläubiger Christ weiß ich natürlich, dass die Seele ein Leben lang auf der Sehnsuchtsreise zur eigentlichen Heimat ist: bei Gott. Schließlich ist die Seele so etwas wie der ganz persönliche Fingerabdruck des Schöpfers in jedem von uns. Und ich weiß auch, dass jede Seele gepflegt sein will. Meine jedenfalls scheint sehr sensibel zu sein und bedarf immer wieder der Reinigung im wunderbaren Sakrament der **Beichte**, um wieder kraftvoll und ganz rein und klar neu durchzustarten. Sie will buchstäblich licht sein, hell und wie ein Fenster, durch das Gottes Güte möglichst heilend hineinscheinen will in eine oft gar nicht so helle Welt.

Orte, an denen meine Seele so richtig durchatmen kann, gibt es viele. Da sind zum Beispiel die **Gnadenorte der Gottesmutter**: Kevelaer, Altötting, Jasna Gora in Tschenstochau, die Advocata in Rom, Fatima in Portugal. Die eigentliche Reliquie aber ist die Begegnung mit der Gottesmutter. Zwiesprache entsteht. Sofort.

Und Blicke, die ins Herz treffen. Als ich in Fatima versuche, dieses mich so intensiv anschauende Gesicht zu fotografieren, erlebe ich etwas Sonderbares: Auf dem Foto ist alles nur ein Abbild, die Dame und Mutter schaut auf einmal anders als in der unmittelbaren Begegnung. Die eigentliche Aufnahme macht das Herz. Und genau das wird wohlig warm, wenn man es öffnet. Es fängt an, ganz klar zu sehen — und, so merkwürdig es klingt — zu hören.

Diese Begegnung kann man mitnehmen. Im Herzen. In der Seele. Und sie ist vielfach möglich. Im Heiligtum, dort, wo sie hinter Glas gesichert anwesend ist. Die Bänke laden zum Verweilen ein. Unwillkürlich zückt man den Rosenkranz aus der Tasche — und betet ihn. Eine Meditation, die Frieden schafft. Perle für Perle. Ave für Ave. Die Geheimnisse öffnen den Blick auf das Leben Jesu, das gar nicht so weit zu sein scheint. Und der gelegentliche Blick auf die Statue taucht in eine Atmosphäre des Vertrauens ein. Die Mutter ist da. Ich bin bei der Mutter. Hier weiß ich mich ganz geborgen. Bei wem? Bei einer Frau, die direkt unter dem Kreuz stand, die gelitten hat und die ihren Sohn als Auferstandenen gesehen hat, nachdem sie das leere Grab gesehen hat. Eine Frau, die ganz und gar Mensch war. Eine Frau, die unfassbar klar Ja sagte zum ganz persönlichen Missionsauftrag Gottes. Eine Mutter, die sich auch jedem von uns als Mutter anbietet. Eine Mutter, die bereit ist, ihrem göttlichen Sohn unsere Bitten vorzutragen. Wie wollte er, der seine Mutter so

Marienbasilika von Kevelaer

◀ *Monument der drei Hirtenkinder in Fatima (links)*
◀ *Die Madonna von Fatima (rechts)*

liebte, da nicht hinhören! Marienorte sind Seelenorte. Tankstellen für die Seele. Als Marienkind, bei dem sich die Gottesmutter ein Leben lang sanft und unaufdringlich immer wieder geduldig und nachhaltig eingemischt hat, weiß ich, wovon ich rede. Aber diese Orte sind keine starren Punkte, die weg sind, wenn man sie verlässt. Im Gegenteil. Man kann sie mitnehmen. Jedenfalls das, was ihre Kraft und ihre Gnade ausmachen. Im Gebet. Im Öffnen der Seele. Das bedarf der Erläuterung. Und vor allem der Ergänzung durch eine Wirklichkeit, aus der auch diverse Orte leben.

Und jetzt kommen wir zum Kern der Kraft des Lebens für die Seele. Ob in der Sakramentskapelle des Kölner Domes, in der Pfarrkirche daheim oder sonst wo auf der Welt: Vor jedem **Tabernakel** spüre ich, dass die buchstäbliche Nähe zum eucharistischen Herrn der Heimatort schlechthin für meine Seele ist. Ja, hier ist meine Seele zu Hause! Hier lebt sie, hier schöpft sie Kraft und hier ruht sie sich aus. Hier sucht sie eine Verbindung, die zu beschreiben auch einem ansonsten wortreichen Autor in das staunende Schweigen und die anbetende Stille führt — und an sprachliche Grenzen stößt. Hier wird die Seele ganz still. Und hier lässt sie sich berühren von der Fülle einer Stille, die

das glatte Gegenteil von Leere ist, vielmehr den Raum öffnet zur Begegnung mit ihrem Schöpfer und Liebhaber.

Und wo ist jetzt die Verbindung zur Gottesgebärerin? Je älter ich werde, desto kostbarer wird mir das meditative Gebet des Rosenkranzes, das mir eigentlich erst durch den heiligen Johannes Paul II. verständlich nahegebracht wurde. Die Geheimnisse Christi einzubetten in das wiederholte Ave-Maria ist eine ebenso einfache wie erhebende Weise, im »Gespräch« zu bleiben. Und dabei kann man auch noch die ganze Welt, seine Liebsten und Freunde fürbittend mit hineinnehmen. Man kann also auch für andere Gutes tun. Ganz hautnah gespürt habe ich das, als ich mich einmal nachts in die **Grabeskirche** habe einschließen lassen. Dort hat das **Rosenkranzgebet** ganz tief in meine Seele gewirkt und zwischen Golgota und Grab des Auferstandenen Horizonte bis in den Himmel erschlossen. Bei jedem Rosenkranz leuchtet diese Weite und dieses Licht wieder auf, scheint die Seele buchstäblich zu nähren. Kein Traum, keine Schwärmerei. Sondern ein wirklicher Ort für die Seele, eine Seelenwirklichkeit.

Martin Lohmann

Licht und Wasser

Vom Wohnzimmer unseres Hauses gibt es einen Zugang zu unserem Wintergarten. Von dort sieht man in den Garten. Direkt ins Auge fällt ein **Brunnenstein**. Unsere Töchter und Schwiegersöhne haben ihn uns zur Goldenen Hochzeit geschenkt. Ihn sprudeln zu sehen beruhigt. Sobald es dunkel wird, schaltet sich eine Beleuchtung ein, die den Stein anstrahlt.

Nach der Arbeit des Tages, wenn Handy und PC abgeschaltet sind und Telefonate nicht mehr zu erwarten sind, setze ich mich auf »meinen Platz«, einen **Korbsessel**. Ich komme zur Ruhe. Manches, was der Tag brachte, bewegt zwar die Gedanken noch einmal. Doch sie beherrschen mich nicht länger. Ich fange an, Gott zu danken für alles, was ich an diesem Tag erlebte. Ich gebe an ihn ab, was unerledigt blieb oder nur unbefriedigend gelöst werden konnte.

Zwei biblische Aussagen unseres Herrn Jesus sind mir in dieser Abendstunde so etwas wie ein geistliches Fundament. Besonders in Zeiten der Mutlosigkeit, Enttäuschung oder des Versagens (aber nicht nur dann) beeindruckt mich sein Wort: »Ich bin das Licht der Welt« (Joh 8,12). Nun erleuchtet das Licht, das den Brunnenstein beleuchtet, zwar nicht die ganze Welt, sondern nur Teile meines Gartens. Doch wieder und wieder habe ich erlebt, dass Jesus Christus ganz dunkle Zeiten, die ein Einzelner oder ein ganzes Volk zu bewältigen haben, ihres Schreckens und ihrer Trostlosigkeit beraubt. Als Licht der Welt leuchtet er selbst dann, wenn es so scheint, als wolle die dunkle Nacht gar nicht weichen. In aller Dunkelheit unserer Tage siegt am Ende sein Licht, so wie auf jede Nacht ein neuer Tag folgt. Schon der Prophet Jesaja wusste das, als er sagte: »Es wird nicht dunkel bleiben über denen, die in Angst sind« (Jes 8,23).

Der beleuchtete Stein vermittelt mir noch mehr. Unerschöpflich fließt das Wasser und netzt den Stein und erinnert mich so an ein anderes Wort von Jesus. Er sprach es, als er am Jakobsbrunnen eine Samariterin traf, die gerade Wasser schöpfte für den täglichen Gebrauch. Auf das Wasser weisend, sagte er: »Wer von dem Wasser trinkt, das ich ihm geben werde, wird niemals mehr Durst bekommen« (Joh 4,14). Ein Wort, dessen Bedeutung sicher nicht gleich zu erfassen ist. Die Frau brauchte auch etwas Zeit, um zu begreifen, was Jesus ihr sagen wollte. Sie war ein Mensch voller Lebensdurst. Obwohl sie immer wieder einen Partner fürs Leben suchte, fand sie nie den richtigen. Ihr Sehnen blieb unerfüllt. »Nimm mich auf«, sagt Jesus. »Ich kann deiner Seele wohltun. Ich kann dich froh machen. Ich kann dir helfen zu leben und nicht nur an dieses Leben zu denken, sondern auch an das zukünftige, das ewige Leben.« Wenn ich den Brunnen nicht abstelle, läuft er. Meine Verbindung mit Jesus möchte ich auch nicht abbrechen. Ich will mich von seinem Lebenswasser füllen lassen.

Licht und Wasser sind für mich so etwas wie »himmlische Elemente«! Schon König David machte ähnliche Erfahrungen. Darum konnte er singen und sagen: »Bei dir ist die Quelle des Lebens und in deinem Licht sehen wir das Licht« (Psalm 36,10). Ich bin immer wieder sehr froh gewesen, dass ich auf eine so wunderbare, friedvolle Weise meinen Tag beenden konnte.

Horst Marquardt

Jetzt schon etwas vom Himmel erahnen

Seit einigen Jahren ziehe ich mich in der Karwoche in den Karmel Heilig Blut in unmittelbarer Nachbarschaft des Konzentrationslagers Dachau zurück. Ich beginne dort den Tag um 6.00 Uhr mit der Vigil, die ich zusammen mit den Klosterfrauen singe. Unser gemeinsames Beten beginnt mit den Worten: »Herr, öffne meine Lippen, damit mein Mund dein Lob verkünde.« Ich lasse die Worte der Psalmen tief in mich hineinwirken. Sind es doch Worte, die zum Ausdruck bringen, was ich fühle, wonach ich mich sehne. Mein Herz geöffnet hat bereits der Gesang der Vögel, den ich beim Aufstehen vernehme und bewusst auf mich einwirken lasse. Auf dem Weg zur Kirche über den Platz, der auch zum KZ führt, halte ich inne, atme bewusst ein und aus, begrüße den Tag, schaue auf das KZ-Gelände. Ich denke an den Terror, der in unserer heutigen Welt herrscht, spüre die Verbundenheit mit dieser Welt und der Schöpfung. Ich kehre ein bei mir, bin einfach da, gehe in die Kirche, um mich den Psalmen zu überlassen. Am Nachmittag streife ich stundenlang über die Wiesen und durch die Wälder und saug die mich umgebende Natur ein.

Vor über 150 Jahren hat sich Henry David Thoreau für zwei Jahre in eine Hütte am Walden See, umgeben von Wäldern, zurückgezogen, da er wissen wollte, was im Leben wirklich zählt. Der **Karmel von Dachau** ist für mich ein Ort, der mich dazu einlädt, mir Gedanken darüber zu machen, was im Leben wirklich zählt, und zugleich zu leben, was im Leben wirklich zählt. Dazu gehört für mich, so zu leben, wie wenn der Moment, die Stunde, der Tag der wichtigste und vielleicht auch der letzte Moment, der letzte Tag meines Leben wäre. Das ermöglicht es mir, ganz im Augenblick zu leben, das, was ich gerade mache, ganz bewusst zu tun und dadurch die Fülle von Leben auszuschöpfen. Diese besteht nicht in möglichst viel zu haben, sondern ganz aufzugehen im Jetzt, unbelastet von dem, was war, was sein wird, was alles schiefgelaufen ist.

So habe ich hier einen Ort gefunden, an dem ich jetzt schon etwas vom Himmel erahnen kann, um mich dann wieder neu gestärkt in die Niederungen des Lebens zu begeben und dort meinen Alltag zu bewältigen.

Wunibald Müller

Zukunft, Leben, Hoffnung

Mein spiritueller Lieblingsort ist ein bestimmter Platz in meiner Wohnung. Hier liegen zwei Bücher: Die heilige Schrift und das Brevier, die meine täglichen Begleiter sind.

Meinem Platz gegenüber hängt an der Wand ein großes **Marienbild aus dem Magdeburger Dom**. Maria trägt einen schon älteren »Jesusknaben« auf ihrem Arm. Dieser schaut an seiner Mutter vorbei in die weite Welt. Maria wird beinahe übersehen. Hinzu kommt noch, dass er sie mit seiner rechten Hand von sich abwehrt, als wollte er sagen: Ich habe einen Auftrag. »Ich bin gekommen, damit sie das Leben in Fülle haben« (Joh 10,10). Aber auch Maria schaut in die Weite. Wahrscheinlich ahnt sie schon, was auf sie zukommt.

Wir werden an die Worte des zwölfjährigen Jesus an seine Eltern erinnert als sie ihn beim Paschafest in Jerusalem suchten: »Wusstet ihr nicht, dass ich in dem sein muss, was meinem Vater gehört?« (Lk 2,41-52). Seine Eltern müssen ihn loslassen. Maria muss ihn hergeben. Jetzt schon, am Beginn seines Lebens und erst recht dann später beim schrecklichen Tod am Kreuz. Ein schmerzhafter Prozess, der keinem erspart bleibt. Damit Neues entstehen kann, müssen wir Altes hinter uns lassen. Durch vermeintlichen Verlust gewinnen wir. »Wer sein Leben zu gewinnen sucht, der wird es verlieren, und wer es verliert, der wird es gewinnen« (Lk 17,33).

An diesem Platz und vor diesem Bild kann ich mich aufrichten. Jesu Blick geht in die Zukunft. Jesus hat den (Durch-)Blick. Zwar wird er in unsere konkrete Welt hineingeboren, in eine Welt voller Widersprüche, aber sein Blick geht darüber hinaus. Die Not in unserer Welt, Ungerechtigkeit und Unfrieden, Terror und Gewalt, Krankheit und Tod durchkreuzen immer wieder unsere Sehnsucht nach Heil. Das alles aber ist nicht das letzte Wort. »Das kann doch wohl nicht alles gewesen sein!« Dafür steht Jesus mit seiner Botschaft vom Reich Gottes für alle Menschen. Sein Blick verheißt Zukunft und Leben.

Jesu Leben ist eine einzige Hoffnungsgeschichte. Die Hoffnung hat ein Gesicht. Vor diesem Jesus- und Marienbild kann ich Mut und Zuversicht schöpfen. Vor diesem Jesus kann ich zur Ruhe kommen: »Wie der Hirsch verlangt nach frischem Quell, so verlangt meine Seele, Gott, nach Dir!«

Dazu die vielen anderen Texte der Heiligen Schrift, vorab des Neuen Testamentes. Beinahe 40-mal habe ich im Laufe meines Lebens das ganze NT gelesen und immer wieder meditiert. Auf Anregung des verstorbenen Professors Heinz Schürmann habe ich mein Neues Testament mit leeren Seiten versehen lassen. Darauf habe ich festgehalten, was mir beim Meditieren in den Sinn kam. Da notiere ich auch meine Fragen und Zweifel. Da erfahre ich, dass ich mit den biblischen Texten keineswegs fertig bin. Immer wieder gibt es neue Aspekte und Erkenntnisse, Fragen und Anregungen.

Dieser **Platz in meiner Wohnung** ist mein spiritueller Ort. Da muss ich nicht erst weit wegfahren. Dieser Platz ist immer und sofort erreichbar. Vor allem aber werde ich stets daran erinnert: Nimm dir Zeit für mich. Lass dich nicht von den Sorgen und der täglichen Hektik auffressen!

Ein weiterer spiritueller Platz ist für mich die **Kathedralkirche St. Sebastian**. Sie liegt direkt meiner Wohnung gegenüber. Täglich habe ich sie vor Augen. In dieser Kirche empfing ich die Priester- und Bischofsweihe. In ihrer schlichten Gestalt ist sie mir ans Herz gewachsen. Wie oft habe ich in dieser Kirche zelebriert und gepredigt! In dieser Kirche habe ich schon als Ministrant bei der Bischofsweihe von Bischof Wilhelm Weskamm gedient. Für uns Jugendliche war St. Sebastian Treffpunkt in der Nazi-Zeit. Es ist mein Wunsch, dass ich auch an dieser Kirche begraben werde.

Bischof em. Leo Nowak

Inselmensch

Ich bin ein Inselmensch. Das mag erstaunen, denn ich lebe in der Schweiz. Aber obwohl mich die Berge faszinieren, sehne ich mich immer wieder nach dem Meer. Wann immer sich die Möglichkeit ergibt, verbringe ich darum ein paar Tage auf einer der kleinen Inseln im Norden.

Ein Eiland zu erreichen braucht Zeit. Allein die Anreise zum Hafen, das Warten auf die Fähre und schließlich die gemächliche Überfahrt sind der ideale Einstieg in die Entschleunigung. Niemand hetzt mal schnell auf eine Insel, vielmehr ist der Weg dorthin schon Teil der Entspannung. Das Festland entfernt sich nach und nach und die Insel rückt langsam näher. Den Alltag, den Lärm der Stadt und die Hektik des Berufes streife ich wie überflüssiges Gepäck von meinen Schultern und lasse es ins Wasser gleiten. Und wenn das Schiff an der Insel anlegt, betrete ich über den Schiffssteg entschleunigt und leicht den offenen Raum der Ruhe und Gelassenheit.

Nun eines dieser bequemen Fahrräder leihen und für eine Tasse Kaffee eine Stunde lang ins Restaurant am anderen Ende der Insel fahren. Unterwegs rasten und Gänse, Kraniche, Vögel oder Hasen beobachten. Und immer wieder über das flache Land schauen und im langsamen Rhythmus von Ebbe und Flut ein- und ausatmen. In der Ferne berühren sich Himmel und Erde, Gott und Mensch, Kopf und Herz.

Das ist für mich ein heiliger Ort, an dem meine Seele heil werden kann.

Durch meinen Beruf als Musiker spiele ich jedes Jahr in vielen Kirchen. Auch sie sind für Menschen Orte der Einkehr und des Gebetes. Für mich sind sie oft auch Arbeitsorte, an denen ich mehr gebe als empfange.

Auf einer Insel lasse ich meine Augen, wie Fenster meiner Seele, über die Schönheit der Natur streifen und werde dankbar und demütig. Gottes großartige Schöpfung lässt mich dankbar werden und beten. Für das, was ich bin und habe, für Familie und Beruf, Gesundheit und Kreativität. Gott braucht keinen bestimmten Ort, um dem Menschen nahe zu sein. Es genügt ein kurzer, stiller Moment, ein Gedanke, ein Staunen, ein Gebet. Gott ist nur eine Stille von mir entfernt.

David Plüss

Christus trägt alles

Grundsätzlich ist mein geistlicher Lieblingsort der Mensch, dem ich gerade begegne. Jeder ist mit Gott verbunden und für mich deshalb ein Ort der Begegnung mit dem Allerhöchsten. Mich zieht aber einer auch im Besonderen an, obwohl ich ihm nie persönlich begegnet bin: der Kaplan

der **Dresdner Hofkirche**, Aloys Andrizky, der nach zwei Jahren erfolgreicher Jugendarbeit das Missfallen der Nazis erfuhr und deshalb im KZ Dachau ermordet wurde.

Seit seiner Seligsprechung erinnert ein eindrucksvoller **Altar von Andreas Kuhnlein** an diesen jugendlichen Priester. Das Kunstwerk aus Holz spricht vom Kampf und vom Sieg in die Befreiung. Immer, wenn ich etwas durchzukämpfen habe und die Freiheit als Ziel meines pastoralen Wirkens erhoffe und erbitte, finde ich bei Alois meine Ruhe und in Christus die Geborgenheit. Beten macht frei. Vertrauen macht stark. Unmittelbar hinter dem Märtyreraltar ist die Sakramentskapelle mit dem eindrucksvollen Bildnis **»Ecce homo« von Balthasar Permoser** (1721): der erniedrigte und gequälte Christus. Dem genialen Künstler ist es gelungen, die Statue aus dem Stein der Art herauszuarbeiten, dass die Striemen der Geißelung aus der Maserung des Marmor abzulesen sind. Der Schmerzensmann begegnet uns in jedem, der leidet. Alles hat der gekreuzigte und verlassene Christus auf sich genommen. Von diesem heiligen Ort gehe ich ermutigt zu den Menschen, die Leid zu tragen haben. Christus trägt alles.

Bischof em. Joachim Reinelt

▲ *»Ecce homo« von Balthasar Permoser*
◄ *Altar »Befreiung« von Andreas Kuhnlein*

Unendlich viel größer

Ich habe oft an Bord eines Kreuzfahrtschiffes gearbeitet — als Moderatorin des Bordfernsehens und der Abendveranstaltungen. Auf einer dieser Reisen kam ich der Kraft Gottes so nah wie nie zuvor. Damals konnten Passagierschiffe noch den Suezkanals durchfahren, und so durften meine Schwester und ich — die mich begleitete — diese faszinierende Passage erleben. Als Höhepunkt wurde dann ein Besuch des Katharinenklosters auf der Sinai-Halbinsel angeboten. Ich bereitete meinen abendlichen Auftritt so vor, dass ich an dem Tagesausflug teilnehmen konnte. Meine Schwester und ich betreuten die Gäste in einem der Busse. Vom Hafen Sharm el Sheikh fährt man mehrere Stunden durch faszinierende Wüstenformationen, bis endlich das Kloster am Rande eines Felsmassivs aus dem Sand aufsteigt — wie eine Fata Morgana. Umgeben von einer hohen Mauer schmiegt es sich schützend um den heiligen Ort Moses, an dem vor über 2.000 Jahren der Dornbusch brannte. Wir stiegen aus dem Bus aus. Meine Schwester und ich sollten nun die Gäste an die Pforte des Klosters bringen, wo die professionelle Führung begann. Da nahm ich meine Schwester an die Hand und hörte mich sagen: »Macht es dir viel aus, wenn du das allein machst? Ich möchte unbedingt auf die Anhöhe da drüben.« Meiner Schwester machte das natürlich nichts aus, sie führte die Gäste zum nahe gelegenen Eingang und nahm mit ihnen an der Führung teil.

Ich stieg auf die Anhöhe. Vor mir das Felsmassiv, vor mir, ganz nah, das Kloster. Ich setzte mich auf einen Stein. Er war warm, die Luft trocken. Es war große Stille. Wieso ich da nun also saß, wusste ich nicht. Dieser Ort hatte mich magisch angezogen. Ich wollte einfach dort sein, auf diesem Stein. Ich ließ meine Gedanken fliegen. Ich tauchte ein ins Sein. Nach einer kleinen Weile erhob sich Wind. Er kam vom Felsmassiv herüber. Er war warm, sehr warm, und er war stark. Er berührte mich in allen Fasern meines Seins. Bis heute durchfährt mich ein Schauer,

wenn ich daran denke. Dieser Wind — ein starker Atem. Uralt. Er war dunkel — und er war hell. In ihm war das Gute — und in ihm war das Böse. In ihm war die Weisheit der Welt. In ihm war die Welt des Alten Testaments.

Worte wie diese fand ich erst später. Solange ich auf dem Stein saß, war ich von der Wucht dieser Erfahrung völlig eingenommen. Ich spürte die Kraft der Liebe, die Unerbittlichkeit des Todes, ja — ich spürte Ewigkeit. Ich spürte Heiligkeit. Ich befand mich an einem heiligen Ort, an einem Ort der Kraft und der Erkenntnis. Dabei war ich doch sozusagen eher per Zufall als Busbegleiterin dorthin geraten! Und jetzt saß ich dort und fühlte Gott. Eine Kraft, so unendlich viel größer als alles, was ich jemals zuvor erlebte. Sie war von solch einer Stärke, dass ich mich wunderte, dass ich so gar keine Furcht oder Unruhe spürte. Nein. Ich saß da und wusste: Das hier ist wahr.

Und diese Kraft wirkt auch in mir. Wenn ich ein inneres Tor öffne für sie. Und so verharrte ich da, in tiefem Respekt, in Verehrung und Demut vor einer solch unmittelbaren Erfahrung des Heiligen … bis die Gruppe wieder aus dem Kloster kam. Ich atmete tief ein, verabschiedete mich in Dankbarkeit und wusste: Das hier brennt sich in meine Seele ein. Ich bin nun eine andere.

Ich stieg benommen in den Bus, irgendwo wurde für eine Mittagspause angehalten. Ich erinnere mich an nichts mehr. Nur an die unendliche Intensität, mit der ich Leben spürte. Mein Leben. Das endlich ist — und in dem das Unendliche wirkt. Die Busfahrt erlebte ich wie im Traum. Meine Schwester wollte mir unbedingt eine Kopfschmerztablette reichen. Sie fand meinen Zustand verständlicherweise ziemlich merkwürdig. Erst, als wir wieder an Bord waren und die Pflicht rief, kehrte ich langsam in meinen Alltagsmodus zurück. Ich tat meine Arbeit mit großem Vergnügen. Und — etwas anders. Meine Empfindungen, meine Sensibilität waren tiefer geworden. Ich spürte eine neue Dimension. Und diese Dimension lebt bis heute in mir. Sie ist Quell meiner Suche, meiner Selbstentwicklung und meiner Bücher. Als wir ausstiegen in Athen, kam die Bordfotografin auf mich zu — in der Hand ein traumschönes Foto vom Katharinenkloster. »Das hatte doch eine besondere Wirkung auf Sie«, lächelte sie. Dabei hatte ich niemandem etwas von meinem Erlebnis erzählt! Das Foto begleitet mich bis heute — als Sinnbild des kleinen Wunders meines Lebens. Und es erinnert mich stetig — an das Wesentliche. An das, was allein zählt.

Nina Ruge

Die Ewige Stadt

Wie könnte es anders sein. Derzeit ist mein spiritueller Lieblingsort natürlich **Rom**. Da lebe, arbeite und bete ich. Es wimmelt in Rom nur so von heiligen Orten.

Am liebsten sind mir die stillen Gassen in der **Altstadt** und die schmalen Straßen in Trastevere und im ehemaligen jüdischen Getto. Da kann ich besonders gut beten. Da bekommen die Psalmen einen besonderen Klang.

Manchmal zieht es mich auch in die **vatikanischen Gärten**. Da erinnert mich der Blick auf die Kuppel von St. Peter und über die Stadt bis hin zu den Bergen an die Zeile im Psalm 4, in der der Psalmist von der Weite spricht, die Gott ihm in Zeiten der Enge schenkt.

Eine besondere geistliche Erfahrung ist die **Palmsonntagsliturgie** auf dem Petersplatz. Damit beginnt eine Woche, in der Jubel und Verrat, Kreuz und Auferstehung so nahe beieinanderliegen. Es ist die Woche großer Stille und großer Emotionen. Ich empfinde die Tage als eine Zeit der Vergewisserung und Zuspitzung. Am Ende wird das Licht des Ostermorgens überwältigend sein. Davor steht die Stille des Karsamstags. Da bin ich dann gerne wieder in den stillen Gassen der Altstadt von Rom.

Annette Schavan

▲ *Altstadt von Rom*
◀ *Vatikanische Gärten*

Gebote der Liebe

Es gibt im Erzbistum Bamberg mehrere »Orte für die Seele«, die für mich wichtig sind. Der täglich wichtige »Ort für *meine* Seele« ist die **Kapelle im Bischofshaus**; in ihr bin ich jeden Tag ein bis zwei Stunden, um zu beten, zu meditieren und auch die Eucharistie zu feiern. Besonders das wertvolle Altarbild »Christus am Weinstock« spricht mich an und inspiriert mich für meinen täglichen Dienst.

Als Erzbischof von Bamberg ist mir natürlich der **Dom in Bamberg** der wichtigste »Ort für die Seele«. Er ist Blickfang in der Stadt und Zentrum des Weltkulturerbes, vor allem aber das geistliche Zentrum der Erzdiözese seit über 1.000 Jahren. In ihm befindet sich das Grab der Bistumsgründer Heinrich und Kunigunde. Sie inspirieren die Kirche von Bamberg, indem sie die Gläubigen daran erinnern, Gottes Gebote zu halten, Jesus Christus zu lieben und den Nächsten wie sich selbst. Der Bamberger Reiter — Ort für die Seele — sagt jedem: »Edel sei der Mensch, hilfreich und gut.« Das ganze romanisch-gotische Bauwerk gibt der Seele Geborgenheit im Glauben an Gott und zieht sie zum Himmel empor. Ich feiere sehr gern im Dom die

▲ *Wallfahrtsort Vierzehnheiligen*
◄ *Bamberger Dom*

Eucharistie, besonders an den hohen Festtagen, bete am Grab der heiligen Heinrich und Kunigunde und betrachte den Bamberger Reiter. Immer wenn ich von Reisen wieder nach Bamberg komme und über den Domplatz fahre, bin ich bewegt und freue mich an der Schönheit der Kathedrale, die uns sagt, dass Gott unter uns wohnt, unser Leben trägt und leitet.

Außerhalb der Domstadt gibt es im Erzbistum einen besonderen Ort, der nicht nur für rund 800.000 Pilger jedes Jahr ein »Ort für die Seele« ist, sondern auch ganz persönlich für mich. Es ist **Vierzehnheiligen bei Bad Staffelstein** am Obermain, etwa zwanzig Autominuten von Bamberg entfernt. Er ist den vierzehn Nothelfern gewidmet. Dort befindet sich eine prächtige

Basilika, die 1772 nach Plänen von Balthasar Neumann vollendet wurde. Vierzehnheiligen ist der bedeutendste Wallfahrtsort in unserem Erzbistum und nach Altötting der zweitwichtigste in Bayern. Er ist ein besonders lehrreicher und inspirierender »Ort für die Seele« — er belehrt über den Glauben und inspiriert zum christlichen Handeln. Er geht auf eine Erscheinung zurück: Ein Hirte sah vierzehn Heilige, die um das Jesuskind versammelt waren, es anbeteten und daraus die Inspiration bekamen, ihr Leben für die Mitmenschen zu opfern, Märtyrer der Nächstenliebe zu werden. Vierzehnheiligen lehrt mich und jeden Besucher, Jesus Christus zu lieben und für die Nächsten Nothelfer zu sein.

Er inspiriert für ein Fünffaches. Jeder Mensch soll
1. ein *liebendes Herz* haben;
2. einen *Segen sprechenden* Mund, voll mit Worten der Güte und des Wohlwollens, die aufbauen, ermutigen und trösten;
3. *betende Lippen,* die für die Mitmenschen von Gott stets Gutes erflehen;
4. *helfende Hände,* die zupacken, aufrichten und stützen;
5. *tragende Schultern, die für alle*, die nicht allein mehr weiterkommen oder weiterwissen.

»Orte für die Seele« sind für jeden Menschen wichtig, weil sie Heimat geben, zur Ruhe kommen lassen, inspirieren und Kraftquelle des Lebens sind.

Erzbischof Dr. Ludwig Schick

Auftanken

Manche sagen, man kann dort Waldgeister sehen oder Elfen — früh am Morgen oder spät am Abend, wenn der See in der auf- oder untergehenden Sonne glitzert. Ich habe sie nie gesehen, die Waldgeister oder Elfen. Aber wenn ich dort auf dem kleinen Angelsteg sitze, im Schneidersitz, und über den See blicke, dann ist mir Gott nahe, den ich zwar nicht sehen, aber spüren kann. Ich kann besser in der freien Wildbahn meditieren als in Kirchen. Ich brauche dazu Luft zum atmen. Und am liebsten den freien Blick. Noch besser geht es für mich am Meer. Aber davon bin ich hier am Niederrhein ja etwas entfernt. Da tut es so ein See auch — da bin ich in 15 Minuten mit dem Fahrrad.

Solche Zeiten am See sind wie das Tanken beim Auto. Wenn ich merke, dass der Sprit nicht reicht, dann ist es Zeit dafür — Zeit zum Auftanken. Und bei mir eben am liebsten in der Sonne am See. Die Haut wird warm und nach und nach mein ganzer Körper. Das Licht, das ich auch bei geschlossenen Augen auf meiner Netzhaut spüre, macht mich innerlich hell und ich bin sicher, mein Körper produziert dann Endorphine — Glückshormone. Die brauche ich ab und zu.

Auch wenn ich Gott am liebsten draußen in der Natur begegne, so hat mich eine Kirche doch nachhaltig beeindruckt. Eigentlich ist sie gar keine richtige Kirche. Jedenfalls nicht so eine, wie wir sie hier in jedem Dorf finden. Es ist eine kleine unscheinbare Höhle. Würde ich sie an einer Felswand finden, sie würde mich nicht beeindrucken. Aber diese kleine Höhle diente als Treffpunkt der ersten Christen. Vielleicht sogar ein Treffpunkt von Petrus und Paulus. Man hat sich dort Geschichten über Jesus erzählt, heimlich, doch mit so einer Begeisterung, dass ich, über 2.000 Jahre später, sie immer noch weitererzählen kann. Eine große Sprengkraft liegt in diesem, nicht mal 10 qm großen Räumchen. Gerne habe ich dort, in der kleinen **Felsenkirche von Antakya**, dem früheren Antiochia, gesessen und mich mit meinem Gott unterhalten, der die Kleinen groß macht und mit dem man über Mauern springen kann. Spirituelle Orte sind für mich die Orte, an denen mein Herz weit wird, sodass Gott darin Platz findet.

Sr. Jordana Schmidt OP

◀ *Felsenkirche von Antakya*

Beten in der Burg

Der Tipp kam von meinem früheren geistlichen Begleiter. Zugegeben, damals fragte ich mich schon, warum man zu einem spirituellen Ort unbedingt 450 km weit fahren muss — aber wenn er meinte, dort wäre ich richtig, dann könnte man es ja wenigstens mal probieren. Und er hatte recht: Es wurde zu »meinem« Ort, die Benediktinerinnenabtei in der alten **Burg Dinklage** im Oldenburger Münsterland.

Ein wenig verwunschen liegt die Wasserburg mitten im Wald und wirkt zunächst fast etwas abweisend. Man kann da nicht einfach mal reinspazieren, ein großes, schweres Tor trennt »innen« und »außen«. Aber selten erlebe ich genau diesen Übergang so intensiv wie dort. Aus dem Trubel der Welt darf ich in einen geschützten Raum gehen, in dem ich still werden kann, mich auf mich selbst und auf Gott konzentrieren kann — ohne dass mich etwas ablenkt. Dort kann ich beten, dort kann ich mich vor Gott bringen. Ich kann neu auf das hören, was Gott von mir und für mich will.

Und aus der Burg hinaus gehe ich wieder in die Welt, stelle mich den Anforderungen meines Alltags, gefestigt, gestärkt, ermutigt.

Das Kloster, die Wasserburg, ist ein Ort, der mich erdet, der mich mit meinen Wurzeln, meinem Inneren in Verbindung bringt. Da gibt es keine

barocken Schnörkeleien, der alte Stall ist zur Kirche geworden, mit dem Boden aus Feldsteinen, einem Altar aus Findlingen. Manche Balken sind ein bisschen schräg und krumm — aber sie halten. Das ist alles sehr bodenständig.

Und irgendwie — so sind auch die Schwestern dort, geerdet. Der Ort prägt schon die Menschen, die dort leben. Deshalb bin ich gerne in Dinklage. Damit genau das ein wenig auf mich abfärben kann.

Und deshalb mag ich auch dieses Tor. Es erinnert mich daran, wie wichtig es ist, ab und an mal die Tür hinter mir zuzumachen, um mich wieder auf das hin auszurichten, was wirklich wichtig ist. Und um sie dann wieder für die Welt und die Menschen zu öffnen.

Andrea Schwarz

Begegnung

Um die Sterne zu beschauen, richtete Thales den Blick nach oben und fiel in den Brunnen. Von einer thrakischen Magd wurde er verspottet, weil er das, »was im Himmel wäre, wohl zu erfahren strebte, was aber zu seinen Füßen läge, ihm unbekannt bliebe«. Beseelte Orte haben für mich zu tun mit dem, was sich vor unseren Augen abspielt. Ich bin fest überzeugt, dass es in allen Kirchen und Religionsgemeinschaften Menschen und Sektoren gibt, die sich diesen bescheidenen und zugleich radikalen Beitrag zum guten und würdevollen Leben immer wieder zumuten.

Ich erinnere mich an eine der vielen kleinen Kapellen im Landesinneren des Nordostens in Brasilien. Ein beseelter Ort. Eine Frau tritt in die **Kapelle** ein, kniet sich vor ein Marienbild, gleich neben dem Kreuz. Sie schweigt und erzählt dann von all dem, was einem guten Leben entgegensteht, von ihren Leiden und Schmerzen, in der Ehe, der Familie und in der Gemeinde. Sie bittet um Kraft und darum, ihre Hoffnung nicht zu verlieren. Sie weint, macht das Kreuzzeichen, steht erleichtert auf und im Hinausgehen sieht sie mich, der ich bisher unbemerkt auf einer der wenigen Bänke in der Kapelle sitze. Wir gehen aufeinander zu, weinen gemeinsam und umarmen uns. Einer der beseelten Orte, um Kraft zu sammeln, zum Gebet zu finden, wo es um die Qualität des guten Lebens geht. Beseelte Orte haben mit Beziehung zu tun, mit Ehrlichkeit, Respekt, mit Begegnung.

Msgr. Pirmin Spiegel

Mein Garten

Der Rückzugsort, an dem ich seelische Kraft finde, also gewissermaßen »auftanke«, ist unser **Garten**. An einem behaglichen Platz, umgeben von Blumen und Vogelgesang, kann ich durchatmen, komme ich zur Ruhe. Ich fühle mich eins mit der Schöpfung. Hier sind mir schon so manche Gedanken für meine spirituellen Texte gekommen. Darüber hinaus empfinde ich die Pflegearbeiten in meinem »grünen Paradies« mehr als nur erholsam, ja sie werden gleichsam zur Meditation. Alles, was mich am Tag bedrängt hat, verliert sich allmählich; die äußere Stille durchdringt mich nach und nach auch von innen her. Die Zeiger der Uhr verlieren ihre Macht. Wollte ich eigentlich nur ein halbes Stündchen Verblühtes entfernen und Unkraut zupfen, finde ich erst nach zwei oder drei Stunden — wie verwandelt — wieder in die Wirklichkeit zurück. In mir habe ich den Himmel erahnt.

Christa Spilling-Nöker

Geistliche Tankstelle mit Geschichte

Mein bevorzugter Platz zum Stillewerden, zur Meditation, zum Gebet ist der **Dom zu Brandenburg/Havel**. Dieser Dom ist die Mutterkirche der Region Brandenburg-Berlin. Er atmet die Geschichte des Christentums in diesem Landstrich und war und ist Zeichen der Glaubensfreude.

Ein Vorgängerbau, mit Gründung des Bistums Brandenburg, wurde bereits im 10. Jahrhundert errichtet. Damals versuchten Adlige und Priester die wendischen Heveller gewaltsam — mit Ermordung der Widerspenstigen — zum christlichen Glauben zu bringen. Das scheiterte völlig.

Ein großer Aufstand vertrieb die Christen. Auf dem Papier blieb das Bistum Brandenburg bestehen. Im 12. Jahrhundert nahm der Askanier Albrecht der Bär Verbindung zu dem Heveller-Fürsten Pribislaw in der Burg Brandenburg auf, gewann ihn für den christlichen Glauben und schloss mit ihm ein Bündnis. Als Pribislaw starb, beerbte Albrecht ihn, gründete die Mark Brandenburg, förderte die Gründung von 14 Zisterzienserklöstern und 35 Städten. Die Heveller wurden für das Christentum gewonnen und vermischten sich mit den zugezogenen Niedersachsen, Westfalen und Flamen.

Vor 500 Jahren gehörte zum Bistum Brandenburg Wittenberg. Dort stieß 1517 Martin Luther

die Reformation der Kirche an. Der Bischof von Brandenburg und der Kurfürst wollten eine Spaltung der Kirche verhindern. Sie schickten Unterhändler nach Rom, um einen Kompromiss zu suchen. Die Fronten waren verhärtet und so musste der Kurfürst 1539 die Reformation durchführen. Aber ohne Bildersturm, und das Domkapitel blieb in veränderter Form bis heute bestehen.

Der Dom zu Brandenburg und seine Dörfer haben den 30-jährigen Krieg, die Nazidiktatur und die Bedrängungen des DDR-Systems durchgestanden. An den Widerstand gegen das Hitlerregime erinnert in der Krypta das Gedenken an die christlichen Märtyrer. Die friedliche Revolution 1989, die auch von der Domgemeinde Brandenburg ausging, brachte neue Herausforderungen, aber auch neue Möglichkeiten. Die Hilfe der westdeutschen Kirchen, der Bundesregierung und des wieder gegründeten Landes Brandenburg haben die Mutterkirche und die Wiege unserer Region neu erstrahlen lassen.

Ich habe in den letzten 60 Jahren den Dom zu Brandenburg ins Herz geschlossen. Er stärkt mich insbesondere, wenn ich im Hochaltar in den alten Domherrenbänken sitze und meditiere über die Geschichte, die Gegenwart und die Zukunft des Glaubens. Der Dom zu Brandenburg ist für mich eine geistliche Tankstelle und ich freue mich über jeden, der ihn entdeckt.

Manfred Stolpe

Wasser, Wein und weiter Blick

Erstmals sah ich die Kirche »Maria im Weingarten« vom Main aus. Wie gemalt hebt sie sich aus den Rebstöcken heraus — ein Orientierungspunkt in der Landschaft. Auf dem letzten Anstieg geht es nur noch zu Fuß, vorbei an alten Kreuzwegstationen. Es sind Jahrzehnte her, seit ich diesen Ort zum ersten Mal betreten habe. Und seitdem immer wieder. Nach hier trage ich Sorgen, Bitten und Dank.

Im Wandern um die Kirche sehe ich den Main heraufschimmern. »Niemand steigt zweimal in denselben Fluss«, formulierte vor Jahrtausenden der griechische Philosoph Heraklit. Wie hat sich mein Lebensfluss verändert? Wie habe ich mich verändert? Der Fluss regt an zu freundlichem Fragen.

Wandern im Weinberg wirkt Wunder. Hier wächst trotz manchem Unwetter Köstliches heran. Trifft das auch auf mich zu? Ich lerne, nicht nur das Vertane und Versäumte in den Blick zu nehmen, das sich so rasch aufdrängt. Gerade das Gelungene kommt hier zur Geltung. Tagsüber im Schauen. Abends im Schmecken.

Zwischen dem Rosenkranzgebet draußen das Verweilen drinnen. Mit Tilmann Riemenschneiders Wunderwerk »Maria im Rosenkranz« komme ich an kein Ende. Es zeigt mir wie in einem Spiegel die Zuwendung Gottes. Die Mutter mit dem Kind auf dem Arm: Fast scheint mir, deren Gesichtsausdruck passt sich meiner jeweiligen Gemütslage an. Die Rosenkranzmedaillons weisen hin auf das Geheimnis der Menschwerdung Gottes. Sie fragen mich nach meiner Menschwerdung. Bin ich seit dem letzten Verweilen hier mehr Mensch geworden? In Gedanken, Worten und Werken? Mit solchem Schauen und Fragen verbringe ich hier Stunden.

Draußen und drinnen. Draußen in der Ebene das Wasser des Main. Wasser ist Leben. Leiblich. Und geistlich im Sakrament der Taufe. Um mich herum der reifende Wein. Wein ist Freude. Leiblich. Und, zusammen mit dem Brot, geistlich im Sakrament der Eucharistie. Drinnen mit dem Blick auf Maria im Rosenkranz findet die Botschaft von Weinberg und Fluss ihre Deutung: Mit Gottes Schöpfung und mehr noch mit ihm selbst bin ich reich beschenkt. Und ich soll weiterschenken. Jetzt nimmt der Dank den ersten Platz ein, weit vor den Sorgen und Bitten.

Vor Jahrzehnten habe ich scherzhaft mit Freunden vereinbart, jeder möge abends so viele Schoppen Wein trinken, wie er tagsüber in den Rosenkränzen auf dem Kirchberg das Geheimnis des Glaubens bedacht hat. Jetzt schaffen wir das nicht mehr. Obwohl der Wein nicht schwerer und das Beten nicht leichter geworden ist.

Erzbischof em. Dr. Werner Thissen

Ort der Gemeinschaft

Ein beseelter Ort ist für mich ein Raum, der eine Seele hat und der meine Seele anspricht. Das ist für mich die **Wallfahrtskirche in Rosenthal**, im sorbischen Ralbicy-Róžant. Seit Kindheitstagen hat dieser Marienort für mich eine anziehende Wirkung, ist ein Ort, den ich an Tagen und in Momenten aufsuche, an denen es gut ist, sich in besonderer Weise Gott zuzuwenden. Das sind Momente der Freude, des Glücks und der Hoffnung, aber auch der Trauer, Niedergeschlagenheit und Suche. Dann ist es für mich wichtig, diese »meine« Wallfahrtskirche, diesen Ort in der Nähe von Kamenz zu haben, unweit meiner Lausitzer Heimatgemeinde. Und der Ort wirkt, egal ob ich frühmorgens oder abends ihn alleine aufsuche oder wie so oft schon in der Gemeinschaft mit Hunderten Pilgern. Beide Erlebnisse sind immer wieder eine Kraftquelle — im Zusammenhalt mit anderen oder alleine im persönlichen Gespräch mit dem Herrn. Rosenthal ist gar nicht weit weg, und doch ist es kein alltäglicher Ort. Es ist ein beseelter Ort, die Wallfahrtskirche ein besonderer Raum der Einkehr für mich.

Stanislaw Tillich

Ort der Besinnung

Maria Laach ist für mich der Ort, an dem ich mich einmal im Jahr zur Sammlung und Besinnung zurückziehe, wo ich mich zu Hause fühle, wo ich Abstand und Distanz von der Hektik des Alltags gewinne und wo ich am besten beten kann.

Die mittelalterliche Klosteranlage, die Abteikirche am Laacher See zieht mich jedes Mal in ihren Bann. Stille umfängt mich. Wenn man das Kirchenschiff betritt, geht der Blick zum zeltförmigen Hochaltar und fällt auf das gewaltige Christusmosaik: Ego sum via et veritas et vita. (»Ich bin der Weg und die Wahrheit und das Leben«, Joh 14,6.)

Seit 1112, seit über neunhundert Jahren, durchzieht der gregorianische Gesang der Benediktinermönche mehrfach am Tag diese Kirche. Auch sie blieben von den Zeitläuften der Jahrhunderte nicht unberührt. Mit vierzig Mönchen begann das benediktinische Leben an diesem Ort. 1802 verließen die letzten siebzehn Mönche im Zuge der Säkularisation das Kloster. Für kurze Zeit wurde es Heimstadt für Jesuitenpatres, bis auch sie im Kulturkampf wieder weichen mussten. 1892 kehrten die Benediktiner zurück. Ihre Zahl wuchs schnell und steigerte sich bis 1934 auf 182 Mönche. Heute sind dreißig Patres und Brüder hier zu Hause.

Franz von Papen — zunächst Reichskanzler und dann unter Adolf Hitler Vizekanzler — ging in Maria Laach ein und aus. Konrad Adenauer fand hier nach seiner Vertreibung aus Köln als Bruder Konrad bei seinem Schulkameraden, dem Abt Ildefons Herwegen, Unterschlupf. Auch für Peter Altmeier, dem ersten Ministerpräsidenten von Rheinland-Pfalz nach dem Zweiten Weltkrieg, war Maria Laach das »Hauskloster«, in dem ich ihm als sein Kultusminister oft begegnet bin. Und natürlich war Helmut Kohl häufig in Maria Laach zu Gast, von Mainz aus, aber danach auch von Bonn. Später ergriff ein Freundeskreis, der durch seine Zusammenarbeit im Zentralkomitee der deutschen Katholiken einander eng verbunden war, die Initiative und lud nach Maria Laach zu gemeinsamen Besinnungstagen für Politikerinnen und Politiker ein. Seit 1981 — seit 35 Jahren — treffen sich zu Beginn jedes Jahres etwa vierzig Bürgermeister, Abgeordnete der Landtage, des Bundestages und des EU-Parlamentes, Minister und Ministerpräsidenten für drei Tage zur inneren Einkehr. Begleitet von einem Kardinal oder einem Bischof und gelegentlich auch von einer Äbtissin. Nach der Wiedervereinigung kamen auch zahlreiche katholische Politiker aus Ostdeutschland hinzu. Die Stille des Klosters, der Rhythmus von Beten,

Besinnen, Hören und Sprechen geben uns Kraft und Zuversicht für die Gestaltung unseres persönlichen Lebens und für die Bewältigung unseres politischen Alltags.

Im März 2004 entstand, unter aktiver Beteiligung der Teilnehmer an den Besinnungstagen, ein Förderverein, der mithelfen will, die Benediktinerabtei Maria Laach als »Bau und Kultur-denkmal ersten Ranges« zu erhalten und ideell und finanziell zu unterstützen.

Maria Laach ist für mich seit Jahrzehnten zu meiner spirituellen Heimat geworden. Nach Maria Laach will ich auch in Zukunft so oft wie möglich zurückkehren.

Dr. Bernhard Vogel

Jerusalem en face

Es gibt mehrere Orte, die ich gerne aufsuche, die **Dachterrasse des Paulushauses** in Ostjerusalem gehört ganz sicher dazu. Der Blick ist einfach traumhaft. Immer wenn ich Gast im Pilgerhospiz des Dt. Vereins vom Heiligen Land sein darf, führt mich mein erster Weg dorthin. Jerusalem liegt leider nicht um die Ecke, die Besuche sind daher natürlich selten, aber umso intensiver. Hier oben komme ich zur Ruhe, werde ich still, kann ich durchatmen. Der Blick schweift über die Dächer von Jerusalem. Je nach Tageszeit sind sie in ein anderes Licht getaucht.

Das Damaskustor, das schönste von Jerusalem, begrüßt mich. Die graue Kuppel der Grabeskirche lenkt meinen Blick zum für mich wichtigsten Ort meines Glaubens: dem Ort des Todes und der Auferstehung Jesu Christi. Links daneben ragt der Turm der evangelischen Erlöserkirche in den Himmel und erinnert mich daran, dass hier Christen aller Konfessionen leben. Sie lesen das gleiche Evangelium in ihrer Sprache und sind doch voneinander getrennt. Immer noch. Nirgends wird das so schmerzlich deutlich wie in dieser Stadt. Verbunden im Glauben an den einen Gott begegnen sich hier die drei großen Schriftreligionen Judentum, Islam und Christentum — mal respektvoll-freundlich, mal verachtend-feindlich. Die Mauern der Stadt wissen davon, sie haben vieles gesehen. Schönes und Schweres. Links von der Erlöserkirche sehe ich die wiederaufgebaute Hurva-Synagoge mit ihrer weißen Kuppel im jüdischen Viertel. Noch weiter links den Felsendom und die drittwichtigste Moschee des Islams: die Al Aqsa (auf dem Foto nicht sichtbar). Von hier oben aus gesehen erscheint Jerusalem im Frieden mit sich selbst. Das ist es aber bei Weitem nicht.

Jeruschalajim, Al Quds, Jerusalem, diese heilig-unheilige Stadt, die mir so ans Herz gewachsen ist. Die mich mit ihrer Schönheit bezaubert, mit ihren Wunden bewegt, mit ihrem Temperament herausfordert. Die mich zum Beten bringt. Weniger im Gewühl ihrer Gassen, weniger an ihren »offiziellen« heiligen Orten, mehr hier oben — mit ihr en face. Gebete ohne Worte, Gebete mit den Augen, Gebete mit den Ohren — ein Bündel gutes Schweigen. Ein Blick, der Herz und Seele füllt. Für den Augenblick hier oben und für später. Für zu Hause. Auch Lieblingsorte muss man nach gewisser Zeit wieder verlassen. Um irgendwann zurückzukehren. Ganz sicher.

Msgr. Stephan Wahl

In seinen Armen

An verschiedenen Orten und zu ganz unterschiedlichen Zeiten schlägt mein Herz höher, atmet meine Seele freier. Das geschieht in aller Herrgottsfrühe, im Morgengrauen, noch vor bevor die Sonne aufgeht, wenn ich mich am Gesang der Vögel erfreue, um so den neuen Tag aus der Hand meines Schöpfers zu empfangen. Ein Ort für meine Seele ist die Kirche, in der ich getauft wurde, zur Erstkommunion gegangen bin und Ministrant war; oder am Bildstock, den wir als Kinder oft und gerne aufgesucht und geschmückt haben; oder auf dem Friedhof, am Grab meiner Eltern.

Vor allem aber ist es jener Ort in der **Neumünsterkirche** in Würzburg, der Stadt, in der ich heute lebe. Dort hängt das Kreuz mit jener **Christusdarstellung**, die mit ihren vom Kreuzesbalken gelösten Armen alle umfängt.

Dort, vor diesem Gekreuzigten, ist für mich ein Ort, wo der Himmel sich öffnet und die Erde berührt.

Da steht ER vor mir und ich vor IHM.

Da hält ER zu mir und ich zu IHM.

Da schweigt und spricht ER mit mir, und ich mit IHM.

Da birgt ER mich in seinen Wunden.

In diese Umarmung lege ich alles hinein, was mich derzeit bewegt und bedrängt. So bin ich geborgen mit all jenen, die ich im Herzen trage, mit ihrer Sehnsucht und Sorge, ihrer Freude und Hoffnung, ihrer Trauer und Angst. So bin ich gehalten, getragen und gesegnet von IHM. Das tröstet.

Dieses Gebet hat der hl. Franziskus in der Stunde seiner Berufung vor dem Kreuz von San Damiano verfasst, das zu ihm gesprochen hat — so wie jedes Kreuz zu denen spricht, die gut genug hören. Es ist ein Gebet, das mir vor diesem Bild in den Sinn und über die Lippen kommt:

»Höchster glorreicher Gott,
erleuchte die Finsternis meines Herzens
und schenke mir rechten Glauben,
gefestigte Hoffnung
und vollendete Liebe.
Gib mir, Herr,
das rechte Empfinden und Erkennen,
damit ich deinen heiligen und wahrhaften
Auftrag erfülle.
Amen«

Paul Weismantel

Stille

Ich liebe die Stille. Auch wenn ich diese Liebe viel zu selten auslebe. Die Stille unterstreicht meine sonst so hektische Welt. Dann, wenn der Lärm in mir oder um mich herum zu laut wird. *Ich fürchte die Stille.* Fragen kommen zum Vorschein die ich sonst gekonnt und erfolgreich beiseiteschiebe.

Ich suche die Stille. Sehnsüchtig bittet mich meine durstige Seele darum, ihr diese kurzen Augenblicke zu schenken, in denen der Himmel die Erde berührt. Auf Konzertreisen halte ich oft mit dem **Auto** an. Fahre rechts ran. Steige aus. Nicht nur aus dem Auto, sondern auch aus den gewohnten Bahnen des Lebens. Setze mich in eine **leere Kirche** oder auf eine **Friedhofsbank**. Sich die eigene Endlichkeit bewusst zu machen. Mitten im Sorgen und Sehnen, Größerem begegnen.

Ich finde die Stille. Mal hier, mal dort. Mal ganz woanders — unerwartet, nicht geplant. Das ist meine Hoffnung: zu wissen, dass es keinen Ort gibt, an dem ich Gott nicht begegnen könnte, weil es keinen Ort gibt, an dem er nicht wohnt. Und doch hat meine Seele Lieblingsplätze.

Die **Mischung aus Bergen und Wasser** gehört zu solchen heilsamen Orten. Festes und Unwägbares. Schutz und Gefahr. Höhe und Weite lassen mich leise werden, um zu hören, wie der Schöpfer zu seinem Geschöpf spricht. Nicht im Donnern, nicht im Blitz — sondern in meine ganz eigene Realität hinein —, meist ungewohnt leise. Diese Momente möchte ich gerne konservieren, festhalten, sie in eine Schachtel packen, um sie dann wieder in grauen Momenten hervorholen zu können.

Ich verliere die Stille. So wie die aufgescheuchten Möwen wild über den See fliegen. So wie jede geistliche Erfahrung nicht konservierbar ist. Dieser Abschied ist so wichtig und heilsam für mich. Macht mich gleichermaßen demütig und dankbar. Denn erst im Verlust lerne ich wertzuschätzen. Erst im Kontrast erahne ich diesen kostbaren, verborgenen Schatz. Erst wenn sie mir fehlt, beginne ich mich wieder auf sie zu freuen. Und ich weiß schon … hinter der nächsten Ecke wartet sie schon auf mich … die *Stille*.

Andi Weiss

Heimstatt und Einkehr

Es ist nicht einer, nein, es sind mindestens drei. Meine Orte für die Seele sind Kirchen und Berge und ein Kruzifix: Die Kirche meiner Kindheit in Rottach-Egern, der Hamburger Mariendom und immer wieder das kleine Kircherl hoch droben auf dem Wallberg über dem Tegernsee.

In der im 12. Jahrhundert erbauten **Egerner Kirche** erinnere ich mich als protestantisch getauftes Kind an die Sehnsucht »dazuzugehören«. Die Konversion zum katholischen Glauben gelang dann allerdings erst viele Jahre später. Am Altar sah ich das Gemälde von Georg Asam, bei

St. Laurentius in Rottach-Egern

dem er Maria malte, die bei Christus für Laurentius seinen Segen erbittet. Oft sehe ich mich auch ganz alleine in den damals noch härteren Kirchenbänken knien und meinen kindlichen Kummer dem lieben Gott vortragen und um Hilfe bitten. Die inzwischen ja barockisierte Kirche ist auch heute noch für mich ein Raum der inneren Stille und der direkten Verbindung zu Gott. Einfach unvergessen in der Seele.

Jahrzehnte später, zum Ende meines beruflichen Lebens, bin ich dann in Hamburg beim NDR gelandet. In der schönen Stadt zwischen Alster und Elbe sind nur noch 40 Prozent der Bürger Mitglied in einer Kirche. Die meisten als Protestanten. Als Katholikin fühlst du dich unter den restlichen zehn Prozent wie in der Diaspora. Aber da steht mitten im hippen Stadtteil St. Georg der mächtige **Mariendom**. Bietet Heimstatt und Einkehr. Frisch renoviert strahlt er dich an und tief ins Herz geht immer wieder die Dunkelheit der Osternacht. Wenn draußen auf dem Vorplatz das Feuer entzündet wird und die Gläubigen mit ihren Lichtern die Kirche erleuchten. Da wird der Mariendom endgültig zur spirituellen Heimat, zum Ort des Gebetes. Für mich allein oder mit allen anderen Gläubigen vereint.

▲ *Kruzifix der Familie*
▲ *Wallberg-Kapelle*

Schließlich das kleine **Wallfahrtskircherl** hoch droben auf dem 1768 Meter hohen Wallberg über dem Tegernsee. Als Kinder sind wir im Winter drumherum gesaust und sind den »Kircherlhang« runtergebrettert, hinüber zum Setzberg, oder über die rasanten Abfahrten ins Tal. Im Sommer allerdings bleibe ich als Wanderin gerne auf der Holzbank vor der Kirche sitzen, sinniere beim Blick auf den Hirschberg, die Blauberge bis hinüber zum Guffert im Österreichischen. Auch da fühle ich mich ganz nah bei Gott. Wie schön diese Welt erscheint von da oben, wie alle Sorgen und Kümmernisse im Tal verbleiben. Welches Glück, da sitzen zu dürfen. Gesund, froh, in einem Land das so wohl bestellt ist, dass man sich fast schämt.

Dann, in den letzten Jahren, ein Abbruch. Gesundheitlich. Da kannst du dann längere Zeit nicht mehr in den Mariendom gehen, geschweige denn auf den Wallberg. Da macht dich dann das **Kruzifix** aus dem Haus der Großeltern und Eltern glücklich und dankbar. Es hängt in der Wohnung, du kannst davor beten, dich besinnen und danken. Dass dann doch alles gut ausgegangen ist.

Die Orte der Seele sind vielfältig. Und das ist gut so.

Maria von Welser

Einladung zum Hören

»Hören, was am Ort klingt.« Die ehemalige Benediktinerabtei **»Geistliches Zentrum Kloster Bursfelde«** an der Oberweser, ein paar Kilometer stromabwärts von Hannoversch-Münden gelegen, ist ein Ort, der zum Hören geradezu einlädt. Und das seit vielen Jahrhunderten. Seit 1093 wird hier gebetet und gesungen. Aus dieser Zeit übrig geblieben ist nur die alte Kirche. Sie gehört heute zusammen mit den später entstandenen Gebäuden der Klosterkammer Hannover. Träger ist die Hannoversche Landeskirche.

Bursfelde ist ein beliebtes kirchliches Tagungszentrum. Seit ein paar Jahren gibt es hier aber auch eine »Oase«: vier Zimmer, in die sich zurückziehen kann, wer alleine sein möchte. Wer beten und denken und lesen und schreiben und schlafen will.

Ich kehre hier gern und regelmäßig ein. Sitze in meinem Zimmer. Stehe an der Weser. Spaziere am Flussufer entlang. Wandere durch die Wälder. Freue mich an der vorzüglichen Küche. Bete in der kleinen Kapelle oder in der alten Kirche. Und höre auf das, was am Ort klingt. Und in mir. *Höre auf die leise Stimme des Mannes aus Nazareth.* Und fahre fast immer beruhigt und beseelt zurück in meinen Alltag.

Jürgen Werth

Raum der Stille

Die **Christuskirche in Lüdenscheid** ist über 100 Jahr alt. Ein neugotischer Bau. Sie ist die größte Kirche im Märkischen Kreis. Von 1978 bis 2008 war ich hier Pastorin. Der Gottesraum mit der großen Fensterrosette ist mir zur geistlichen Heimat geworden.

Seit 1999 ist die Kapelle an der Rückseite der Kirche Montag bis Freitag von 9:00 bis 18:00 Uhr geöffnet. Sie hat inzwischen auch das offizielle Signet »Verlässlich geöffnete Kirche«. Ich sehe häufig Menschen hineingehen. Obwohl direkt zu Beginn der Öffnung ein altes rotes Antependium, das als Wandschmuck diente, gestohlen wurde, hält die Gemeinde an der Öffnung fest.

Einige Mitarbeiter der Gemeinde hatten 1999 das Anliegen: Wir brauchen einen Raum der Stille. Gott ist zwar überall und immer für uns erreichbar — aber das Angebot eines stillen Raumes kann ein Anstoß und eine Hilfe sein, sich Gott zu nähern. So empfinde ich es. Die kleine **Taufkapelle** mit eigenem Eingang bot sich dafür an. Ein Mitarbeiter schreinerte ein Kreuz, zwei Frauen schmückten die Kapelle mit Blumen, Steinen und Symbolen. Jemand in der Gemeinde übernahm die Verantwortung, die Kapelle jeden Morgen zu öffnen, eine Frau übernahm die Betreuung des Blumenschmucks. Hier ist der Ort, um ein Gebet zu sprechen, zur Ruhe zu kommen, eine Kerze anzuzünden, Gott nah zu sein. Ein Gästebuch liegt auf dem Altar. Immer wieder sind dort neue Eintragungen: Dankesworte, Bitten, Fragen und Gebetsanliegen. Mit Gott brauchen wir natürlich keinen schriftlichen Kontakt aufzunehmen. Aber wenn jemand eine Bitte ganz konkret aufschreibt, betet er ja bereits.

In meinem aktiven Dienst ging ich um 18.00 Uhr in die Kapelle, um sie abzuschließen. Nach einem hektischen Tag nutzte ich den stillen Raum, betete die Vesper aus dem Brevier und betete für die Anliegen im Gästebuch. Das gab mir selbst neue Kraft. Hin und wieder kam jemand dazu. Regelmäßig treffe ich mich hier mit einem kleinen Gebetskreis, um gemeinsam zu beten. So sind wir nicht nur mit Gott, sondern auch miteinander verbunden. Vor Gott können wir unser Herz ausschütten. Das hilft. Denn Gott hilft. Er ist nur ein Gebet weit von uns entfernt.

Bärbel Wilde

Gipfelerlebnis

Ich sitze auf dem — von einem Bekannten so getauften — **»Melanie-Bankerl«** auf 1.800 Meter Höhe in den österreichischen Kalkalpen: Die Berge glänzen im Sonnenlicht. Der tief blaue Himmel erstreckt sich bis zum Horizont. Die Häuser im Tal wirken wie Legobausteine. Ein Augenblick, in dem plötzlich alles übereinkommt. Ich spüre, was das Leben in seiner Tiefe ist. Wer ich bin. Und das tiefe Gutsein von allem. Stille und Frieden kehren ein… Solche »Gipfelerlebnisse« gehen unaufhaltsam vorüber. Aber ich bleibe die Gestalterin meines Lebens. Ich habe die Wahl: Ich kann zulassen, dass der Alltagsbetrieb diese lebendigsten Augenblicke zuschüttet und sie in Vergessenheit drängt. Oder ich kann diesen Erfahrungen Glauben schenken, indem ich mich immer wieder neu an ihnen orientiere. Indem ich mich in den Niederungen meines Alltags an den Sinn erinnere, der mir in den Gipfelstunden aufgegangen ist. Und nicht zuletzt: indem ich regelmäßig das »Melanie-Bankerl« aufsuche.

Melanie Wolfers SDS

»Gern zu Gast« sein

Jahrelang waren die alten Mauern des Klosters **Triefenstein am Main** mein Zufluchtsort: Aus der Hektik des Journalisten-Alltags flüchtete ich in die Ruhe des Klosters. Seit über 900 Jahren beten, leben und arbeiten hier Menschen, die die Nähe Gottes suchen. Früher die Augustinerchorherren, die die Klosterkirche im 18. Jahrhundert zum künstlerischen Prunkstück gestalten ließen. Seit etwas mehr als drei Jahrzehnten die modernen Mönche der evangelischen Christusträger-Bruderschaft. Auch für sie gelten die alten Regeln von Armut, Ehelosigkeit und Gehorsam, auch sie leben in einem genau durchstrukturierten Alltag mit vielen heilsamen Unterbrechungen für Gebet, Gemeinschaft und Mahlzeit. »Ora et labora« in einem guten Verhältnis. Den Blick in den Himmel gerichtet, aber auch auf die Armen z. B. in Afghanistan und im Kongo, wo einige Brüder arbeiten und helfen.

Was ich in Triefenstein erlebte, schilderte ich in einem Lied so:

Der Frieden wohnt in diesen Mauern.
Ich trete ein und mache Rast.
Von mir aus könnt es ewig dauern.
Ich bin so gern bei euch zu Gast.

Hier komm ich an und bald zur Ruhe.
Ich atme auf, vom Druck befreit.
Hier herrscht kein sinnloses Getue.
Hier ist Raum. Und hier ist Zeit.
Hier streif ich ab, was an mir haftet,
den Stress, den Ehrgeiz, die Gier.
Und was ich draußen kaum verkraftet,
ist nicht mehr richtig wichtig hier.

Diese Zeilen haben für mich einen neuen Akzent bekommen. Denn seit einigen Jahren bin ich Mitarbeiter der Christusträger und arbeite mit daran, dass andere Menschen diesen besonderen Ort erleben und hoffentlich genießen können. »Räume schaffen, in denen Menschen Gott und sich selbst begegnen können«, das haben sich die Christusträger vorgenommen, dabei möchte ich sie unterstützen. Und so freue ich mich, wenn ich manchmal von Gästen sinngemäß das höre, womit mein Lied zu Ende geht:

Hier kehr ich ein als müder Wanderer,
bekomme Liebe aufgetischt.
Verlass ich euch, bin ich ein Anderer.
Hab Halt gemacht und mich erfrischt.

Christoph Zehendner

Göttlicher Rückenwind

Sie ist für mich der Dreh- und Angelpunkt meines spirituellen Lebens. Ich meine die sonntägliche **Feier der Eucharistie**. Dazu geh ich gern in meine Pfarrgemeinde. Für mich ist es kein einfacher Gang. Eher schon gefährlich. Denn ich weiß, dass Gottes Geist mich mit den anderen Versammelten wandeln will. Hinein gehe ich mit vielen Ängsten. Diese erschweren mir zu sein, wozu mich Gott geschaffen hat: ein liebender Mensch. Hinaus gehe ich mit weniger Ängsten. Eucharistiefeier ist daher für mich ein Ort spiritueller Heilung am Grund meiner Seele. Dann geht es ein wenig leichter, von mir abzusehen und als »Fußwascher« hinauszugehen — oder wie eine Frau angesichts der Beschwernisse und Freuden bei der Arbeit mit Schutz suchenden Menschen, die vor dem Krieg in Aleppo geflohen sind, formulierte: »Dann spüre ich göttlichen Rückenwind.«

Natürlich habe ich auch zwischen diesen eucharistischen Höhepunkten einen spirituellen Ort, an den ich mich, so gut es geht, täglich bewege. Ich habe in meiner Wohnung eine **Meditationsecke** eingerichtet. Vor mir hängt das Bild der Hildegard von Bingen vom dreieinen Gott, der die Welt in sich trägt. Da werde ich achtsam dafür, dass wir allesamt in ihm leben, in ihm uns bewegen und in ihm sind.

See Genezareth ▶

Ich habe auch ein eigenes meditatives Ritual entwickelt. Wie bei meiner Weihe liege ich sieben Minuten still am Boden und erinnere meine Berufung in den Tag hinein. Dann knie ich sieben Minuten, mit der Stirn auf dem Boden, wie es die Muslime tun, wenn sie sich Gott anvertrauen und seinem Willen. Und dann folgen sieben Minuten, in denen ich, auf dem Meditationshocker sitzend, das Morgengebet aus dem Stundengebet der Kirche in die Welt hineinsinge.

Ein ganz dichtes spirituelles Widerfahrnis wurde mir in Galiläa geschenkt, als ich vor wenigen Jahren das erste Mal dieses wunderbare Stück Erde besucht hatte. Welch ein schönes Land sich Gott dafür ausgesucht, die Menschheit mit sich zu einen! In der Nähe von Tabgha ist, auf halbem Weg hinauf auf den Berg der Seligpreisungen, eine Höhle. Der Blick geht von dort auf den **See Genezareth**. Es wird erzählt, dass Jesus von Kafarnaum diese Höhle aufgesucht hatte. Ich bin dort oftmals hingegangen und habe etwas von dieser Gotteinung erahnt. Diese Erfahrung trägt mich auch jetzt.

Paul M. Zulehner

Sr. Dr. Lea Ackermann

geb. 1937 in Völklingen/Saar, 1960 Eintritt in die Gemeinschaft der »Missionsschwestern unserer lieben Frau von Afrika«, 1967–1972 Arbeitseinsatz in Rwanda/Afrika, 1972–1977 Studium der Pädagogik, Psychologie und Theologie, 1985 Gründung von SOLWODI in Mombasa als Ausstiegsprojekt für kenianische Frauen und Mädchen in der Elendsprostitution und 1988 Gründung in Deutschland als Anlaufstelle für Migrantinnen in Notsituationen. 1998 Ernennung zur Frau Europas, 2005 Nominierung für »1000 Frauen für den Friedensnobelpreis«. 2012 erhielt sie das große Bundesverdienstkreuz der Bundesrepublik Deutschland und 2014 den Augsburger Friedenspreis.

Dieter Althaus

geb. 1958 in Heiligenstadt, 1977 Abitur, 1979 Lehrerstudium der Physik und Mathematik. Ab 1985 Mitglied der CDU der DDR. Seit 1990 Mitglied des Thüringer Landtags, von 1992 bis 1999 Kultusminister und von 1999 bis 2003 Vorsitzender der CDU-Fraktion im Thüringer Landtag. Er war von 2003 bis 2009 Ministerpräsident des Freistaats Thüringen. Althaus ist Mitglied im Zentralkomitee der deutschen Katholiken, Vorsitzender des Kolping-Bildungswerkes Thüringen und Vorstandsmitglied der Vereinigung »Gegen Vergessen — Für Demokratie«.

Daisy Gräfin von Arnim

geboren 1960, ist verheiratet mit Michael Graf v. Arnim. Beide sind 1995 in die Heimat der Familie, die Uckermark, gezogen und haben dort ein Gutshaus der Familie zurückerworben. In diesem Haus gibt es eine Produktion für Apfeldelikatessen und einen Hofladen, ein Apfel-Café und Ferienwohnungen. Sie ist Autorin erfolgreicher Bücher. In ihrer Freizeit joggt sie und versucht, Bibelverse auswendig zu lernen.

Prinz Dr. Asfa-Wossen Asserate

geb. 1948 in Addis Abeba, Äthiopien, als Großneffe des letzten äthiopischen Kaisers Haile Selassie.
Er ist äthiopisch-deutscher Unternehmensberater, Bestsellerautor und politischer Analyst.
Besuch der Deutschen Schule in Addis Abeba, Studium der Rechtswissenschaft, Volkswirtschaft und Geschichte in Tübingen und Cambridge. Er wurde 1978 von der historischen Fakultät der Goethe-Universität Frankfurt zum Dr. phil. promoviert. 2013 gründete er »PACTUM AFRICANUM — Verein zur Förderung des Abrahamitischen Dialoges in Afrika e. V.«. Im selben Jahr wurde er von der Eberhardt-Karls-Universität Tübingen zum Ehrensenator berufen.

Msgr. Georg Austen

geb. 1958, ist Generalsekretär des Bonifatiuswerkes der deutschen Katholiken und Sekretär des Diaspora-Kommissariates der deutschen Bischöfe. Als Sekretär des XX. Weltjugendtages war er maßgeblich an der Vorbereitung und Durchführung des Glaubensfests beteiligt. Papst Benedikt XVI. ernannte ihn 2008 zum päpstlichen Ehrenkaplan. Austen ist Mitglied im Zentralkomitee der deutschen Katholiken, im Konsultorenkollegium des Päpstlichen Rates zur Förderung der Neuevangelisierung sowie Berater in der Unterkommission für Missionsfragen der Deutschen Bischofskonferenz.

Thomas Bach

geb. 1953 in Würzburg, ist Olympiasieger im Fechten, gewann 1976 in Montreal Gold mit der deutschen Florett-Mannschaft. Im September 2013 wurde der Wirtschaftsanwalt aus Tauberbischofsheim zum Präsidenten des Internationalen Olympischen Komitees (IOC) gewählt, dem er seit 1991 als Mitglied angehört. Von 2006 bis 2013 war er Präsident des Deutschen Olympischen Sportbundes (DOSB). Schon als aktiver Athlet engagierte sich der heute 63-Jährige sportpolitisch. Er setzte sich gegen den Boykott der Olympischen Spiele Moskau 1980 ein und zählte 1981 zu den Gründungsmitglieder der IOC-Athletenkommission.

Arno Backhaus

aus Calden bei Kassel, 66 Jahre alt, verheiratet, 3 Kinder, 6 Enkel. Ausbildung zum Großhandelskaufmann, Studium der Sozialarbeit an der Gesamthochschule Kassel. Seit 40 Jahren selbst und ständig als Musiker, Bestseller-Autor, Aktionskünstler und Referent im In- und Ausland unterwegs. Mitbegründer und Leiterschaftsmitglied der seit 1982 bestehenden interkonfessionellen Gemeinschaft »Christusgemeinde am Airport« in Calden.

Pater Adalbert Ludwig Balling CMM

geb. 1933 in Gaurettersheim (Bayern). Nach dem Abitur schloss er sich der Gemeinschaft der Mariannhiller Missionare an und wurde 1958 zum Priester geweiht. 34 Jahre leitete er die Redaktion des Mariannhiller Missionsmagazins und war viele Jahre freier Mitarbeiter der Katholischen

Nachrichtenagentur (KNA), von Radio Vatikan und Radio Horeb. Er war ferner sechs Jahre lang im Vorstand der Arbeitsgemeinschaft Katholische Presse (AKP) und Gründungsmitglied der Gesellschaft katholischer Publizisten (GKP).

Benedikt XVI.

geb. 1927 als Joseph Aloisius Ratzinger in Marktl. Von 2005 – 2013 war er der 264. Nachfolger Petri.

Vor seinem Pontifikat war Joseph Ratzinger zuletzt Dekan des Kardinalskollegiums und Präfekt der Kongregation für die Glaubenslehre.

Dr. Albert Biesinger

geb. 1948 in Tübingen, 1967 – 1974 Studium der katholischen Theologie, 1982 Habilitation und Professur für Katechetik und Religionspädagogik an der Universität Salzburg. 1983 wurde er zum ständigen Diakon geweiht. 1989- 1991 Dekan der Katholisch-Theologischen Fakultät der Universität Salzburg. Von 1993 bis 2005 war er Vizepräsident des Internationalen Diakonatszentrums (IDZ) sowie Schriftleiter für Diaconia Christi. Seit 2002 leitet er das neu gegründete Katholische Institut für berufsorientierte Religionspädagogik (KIBOR). 2001 gründete er die Stiftung »Gottesbeziehung in Familien«.

Bischof Dr. Franz-Josef Bode

geb. 1951 in Paderborn. 1975 zum Priester geweiht. 1991 Weihe zum Bischof. Er war bis zu seinem Wechsel nach Osnabrück als Bischofsvikar für die Priesterfortbildung im Erzbistum Paderborn zuständig. Seit 1995 Bischof von Osnabrück. Seit 2010 ist Bode Vorsitzender der Pastoralkommission der Deutschen Bischofskonferenz — zuvor war er 14 Jahre lang Vorsitzender der Jugendkommission.

Ulrike Böhmer

geb. 1962 in Waldstadt Iserlohn, Studium der Religions- und Sozialpädagogik.

Sie ist ausgebildete katholische Gemeindereferentin und war als solche viele Jahre in Dortmund tätig. Nebenbei hatte sie immer wieder Auftritte als Kirchenkabarettistin und hat dann 2003 ihr Hobby zum Beruf gemacht. Seitdem tourt sie mit wechselndem Programm durch katholische und evangelische Gemeinden in ganz Deutschland. 2010 und 2012 gewann sie den Publikums- und den Jurypreis »Honnefer Zündkerze«, den Kirchenkabarettpreis des Katholisch Sozialen Instituts im Erzbistum Köln.

Malu Dreyer

geb. 1961 in Neustadt an der Weinstraße. 1990 Abschluss des Jurastudiums, 1994 Eintritt in die SPD, ein Jahr später Wahl zur Bürgermeisterin von Bad Kreuznach. Ab 1997 Dezernentin für Soziales, Jugend und Wohnen in Mainz. 2002 – 2013 war sie Ministerin für Soziales, Arbeit, Gesundheit und Demografie in Mainz und von 2005 – 2013 Vorsitzende der SPD Trier. Seit 2013 ist sie Ministerpräsidentin von Rheinland-Pfalz.

Bischof Markus Dröge

geb. 1954 in Washington, D.C.. 2000 Lehrauftrag für Systematische Theologie an der Universität Koblenz-Landau. Von 2007 bis 2009 war er Vorsitzender des Kuratoriums der Evangelischen Akademie im Rheinland. Seit 2009 Bischof der Evangelischen Kirche Berlin-Brandenburg-schlesische Oberlausitz. Dröge ist verheiratet und hat drei Kinder. Seit 2014 ist er Mitglied im Rat der EKD.

Gunther Emmerlich

geb. 1944 in Eisenberg. 1972 schließt er sein Studium an der Hochschule für Musik »Franz Liszt« in Weimar in der Fachrichtung Operngesang ab. Seine Bekanntheit nutzt er unter anderem für die Arbeit als Botschafter der Carreras Leukämie-Stiftung. Seit 2013 ist er Schirmherr der Sanierung der Stadtkirche Wittenberg für das große Jubiläum zum 500. Jahrestag der Reformation 2017. Er ist Sänger, Fernsehmoderator und Entertainer.

Gotthilf Fischer

geb. 1928 in Plochingen am Neckar. 1942 bis 1945 Studium an der Lehrerbildungsanstalt in Esslingen. Bereits als Vierzehnjähriger gründete er dort seinen ersten Chor. Er war Initiator und Moderator der ARD-Fernsehreihe Straße der Lieder. 1982 erhielt er für besondere Verdienste um das deutsche Volkslied das Bundesverdienstkreuz I. Klasse. Für seinen Einsatz zur Erhaltung des Friedens auf der Welt hat Gotthilf Fischer den 1. Weltfriedenspreis 2006 der Internationalen Chorolympiade erhalten.

Eberhard von Gemmingen SJ

geb. 1936 in Bad Rappenau. Nach dem Abitur Eintritt in den Jesuitenorden, Studium der Philosophie und Katholischen Theologie. 1968 Weihe zum Priester. Er war von 1982 bis 2009 Leiter der deutschsprachigen Redaktion von Radio Vatikan. Bekannt ist Pater von Gemmingen auch durch seine

Co-Moderationen im Deutschen Fernsehen, wenn es um vatikanische Ereignisse geht, so auch bei der Vigil-Feier des XX. Weltjugendtages in Köln.

Monika Grütters

geb. 1962 Münster/Westfalen, röm.-kath., 1981 Abitur, Studium der Germanistik, Kunstgeschichte und Politikwissenschaft, 1991–1999 Lehrbeauftragte für Kulturmanagement an der Hochschule für Musik »Hanns-Eisler« Berlin, seit 1999 Honorarprofessorin, Freie Universität Berlin, Institut für Kultur- und Medienmanagement. Seit 2005 Mitglied des Deutschen Bundestages. 2009–2013 Vorsitzende des Ausschusses für Kultur und Medien im Deutschen Bundestag, seit 2013 Staatsministerin für Kultur und Medien, 2009-2016 Erste stellvertretende Landesvorsitzende der CDU Berlin, seit 2016 Landesvorsitzende der CDU Berlin, Mitglied des Präsidiums der CDU Deutschland.

Dr. Rainer Hagencord

geb. 1961 in Ahlen (Westfalen), 1980–1985 Studium der Theologie, 1987 Weihe zum Priester.
2009 gründete er mit Anton Rotzetter das Institut für Theologische Zoologie. Das Institut arbeitet in den Bereichen Wissenschaft/Forschung; Katechese/Pädagogik; Projekte/Kooperationen und bietet auf dem Gelände des Haus Mariengrund Fortbildungen und Exerzitien an. Hagencord ist Mitglied der Koordinierungskommission für tierexperimentelle Forschung an der WWU Münster, 1. Vorsitzender des gemeinnützigen Fördervereins des Institutes für Theologische Zoologie e. V. und im Kuratorium der Ora et Labora Stiftung für ein Ethos der Mitgeschöpflichkeit.

Abt Dr. Maximilian Heim OCist

geb. 1961 in Kronach, ab 1981 Studium der Katholischen Theologie, 1983 Eintritt in das Heiligenkreuzer Noviziat. Bis zu seiner Wahl zum Abt war er Professor für Fundamentaltheologie. Seit 2011 Abt des Zisterzienserstiftes Heiligenkreuz und Großkanzler der Hochschule Heiligenkreuz.

Altabt Gregor Henckel Donnersmarck OCist

geb. 1943 Breslau, 1964 bis 1969 Besuch der Hochschule für Welthandel in Wien, sieben Jahre Berufstätigkeit im internationalen Geschäft, 1977 Eintritt in das Noviziat des Stiftes Heiligenkreuz, 1978–1986 Studium an der Philosophisch-Theologischen Hochschule Heiligenkreuz, 1982 Priesterweihe in Heiligenkreuz. Von 1999–2011 war er Abt von des Stiftes Heiligenkreuz.

Professor Dr. Claus Hipp

Der Unternehmer wurde 1938 in München geboren. Seit 1968 ist er geschäftsführender Gesellschafter des Babykostherstellers HiPP. Unter seiner Führung entwickelte sich HiPP zu einer der bekanntesten Marken Deutschlands und zum Symbol für eine Wirtschaftsweise, die von ökologischer, ökonomischer und sozialer Nachhaltigkeit geprägt ist. Außerdem ist er als Maler tätig.

Weihbischof Dr. Hans-Jochen Jaschke

geb. 1941 in Beuthen (Oberschlesien). 1995 wurde er zum Weihbischof im Erzbistum Hamburg ernannt. Innerhalb der Deutschen Bischofkonferenz ist er Mitglied der Ökumene-Kommission, Mitglied der Kommission Weltkirche und Vorsitzender der Unterkommission für den interreligiösen Dialog. Er ist außerdem bischöflicher Beauftragter für die Seelsorge in der Bundespolizei und im Stiftungsrat der Stiftung Flucht, Vertreibung, Versöhnung tätig.

Detlev Jöcker

geb. 1951 in Münster. Jöcker studierte Musik in Münster und war von 1975 bis 1979 Mitglied im Gesangsorchester von Peter Janssens. 1982 gründete er die Gruppe »Menschenkinder« und 1987 den Menschenkinder Verlag. Jöcker komponierte über 1300 Kinderlieder, darunter Klassiker wie »1,2,3 im Sauseschritt«, »Der Regenbogenfisch«, »Dicke, rote Kerzen« u. v. m. Er ist der meistgesungene Komponist von neuen religiösen Kinderliedern. Als »Botschafter des deutschen Kinderliedes« reiste er im Auftrag des Goethe-Instituts durch verschiedene Länder, um mit seinen Konzerten für die deutsche Sprache und Kultur zu werben. Für sein soziales Engagement erhielt er 2005 den »Kinderlachen-Award«, 2011 die »Hannelore Kohl- Ehrenmedaille und 2016 den »Charlie Award«.

David Kadel

Der Filmemacher, Moderator, Kabarettist und Autor wurde 1967 geboren. Bekannt ist er durch die Moderation der Talk-Show N24 Ethik, sein Roadmovie mit Jürgen Klopp »Und vorne hilft der liebe Gott« und seinen Bestseller »Fußball-Bibel«. Seit 2001 arbeitet er als »Inspirations-Trainer« mit Fußball-Profis sowie der Deutschen Leichtathletik Nationalmannschaft, leitet Manager-Seminare und berät Firmen. www.undvornehilftderliebegott.de

Dr. Tanja Kinkel

geb. 1969 in Bamberg, studierte Germanistik, Theater- und Kommunikationswissenschaft. Sie ist im PEN-Präsidium, veröffentlichte zahlreiche Romane, die in mehr als ein Dutzend Sprachen übersetzt sind; unter anderem »Die Puppenspieler«, »Götterdämmerung«, »Säulen der Ewigkeit« und »Der Schlaf der Vernunft« (www.tanja-kinkel.de). Sie ist Schirmherrin der Bundesstiftung Kinderhospiz. 1992 gründete sie die Kinderhilfsorganisation »Brot und Bücher e. V.« (www.brotundbuecher.de).

Winfried Kretschmann

geb. 1948 in Spaichingen, 1968 Abitur, 1970−1975 Studium der Biologie und Chemie (später noch Ethik), Gymnasiallehrer für Biologie, Chemie und Ethik. 1979/80 war Kretschmann Mitbegründer der Grünen Baden-Württemberg. 1986 und 1987 war er als Ministerialrat Grundsatzreferent im ersten grünen Umweltministerium in Hessen. Seit 2011 ist er Ministerpräsident von Baden-Württemberg. Kretschmann ist Mitglied im Diözesanrat der Erzdiözese Freiburg im Zentralkomitee der deutschen Katholiken (ZdK) und im Kuratorium der Akademie der Diözese Rottenburg-Stuttgart. Er ist seit 1975 verheiratet und Vater von drei Kindern.

Johannes Kuhn

geb. 1924 in Plauen. Bekannt ist der evangelische Theologe durch die ZDF-Reihe Pfarrer Johannes Kuhn antwortet und als Quizmaster der ARD-Show Reise nach Jerusalem sowie durch seine Andachten im Hörfunk und als Buchautor.

Armin Laschet

geb. 1961 in Aachen, ist Ministerpräsident des Landes Nordrhein-Westfalen, Landesvorsitzender der CDU Nordrhein-Westfalen und stellv. Bundesvorsitzender der CDU Deutschlands. Er war als Journalist, Chefredakteur und Verlagsleiter tätig und Bundestags- und Europaabgeordneter, Minister für Generationen, Familie, Frauen und Integration sowie Europaminister des Landes Nordrhein-Westfalen. 2013 bis Juni 2017 war er Vorsitzender der CDU-Landtagsfraktion. Armin Laschet ist u. a. Mitglied des Direktoriums zur Verleihung des Internationalen Karlspreises zu Aachen, des Zentralkomitees der deutschen Katholiken (ZdK), der Konrad-Adenauer-Stiftung sowie der Europäischen Akademie der Wissenschaft und Künste, Salzburg.

Abt em. Dr. Odilo Lechner OSB

geb. 1931 in München, ist Benediktinermönch und emeritierter Abt der Abtei St. Bonifaz (München) und des Priorates Andechs. Bei seinem Ausscheiden 2003 war er der weltweit dienstälteste Benediktinerabt. Er hat zahlreiche Veröffentlichungen publiziert und ist bis heute als Kolumnist, Buchautor, sowie als Zelebrant, Prediger und Seelsorger tätig.

Dr. Ursula von der Leyen

geb. 1958 in Ixelles/Elsene (Belgien), 1977−1980 Studium Volkswirtschaftslehre, danach von 1980 bis 1987 Studium der Medizin. 1990 Eintritt in die CDU. Von 2003 bis 2005 war sie niedersächsische Ministerin für Soziales, Frauen, Familie und Gesundheit, von 2005 bis 2009 Bundesministerin für Familie, Senioren, Frauen und Jugend und von 2009 bis 2013 Bundesministerin für Arbeit und Soziales. Seit 2013 Bundesministerin der Verteidigung. Sie ist verheiratet und Mutter von sieben Kindern.

Christine Lieberknecht

geb. 1958 in Weimar, Studium der evangelischen Theologie. Von 1984 bis 1990 war sie Pastorin im Kirchenkreis Weimar. Seit 1991 ist sie Mitglied des Thüringer Landtags, von 1999 bis 2004 war sie dessen Präsidentin. Von 2009 bis 2014 war sie Ministerpräsidentin Thüringens. Sie ist stellvertretende Bundesvorsitzende des Evangelischen Arbeitskreises (EAK) der CDU/CSU und war von 2009 bis 2014 Mitglied im Kuratorium zur Vorbereitung des Reformationsjubiläums 2017. Im Jahr 2016 wurde sie als Mitglied in die Kammer für soziale Ordnung der EKD berufen.

Martin Lohmann

geb. 1957 in Bonn, Studium der Theologe, Geschichte und Philosophie. Lohmann ist vielen als katholischer Publizist, Journalist und Fernsehmoderator bekannt. Er ist Autor mehrerer Bücher zu Kirche und Gesellschaft. Bekannt wurde er auch als Moderator der »Münchner Runde« im Bayerischen Fernsehen. Unter anderem war er stv. Chefredakteur der Wochenzeitung »Rheinischer Merkur« und Chefredakteur der »Rhein-Zeitung«. Lohmann war viele Jahre (ehrenamtlich) Vorsitzender des Bundesverbandes Lebensrecht (BVL), ist Sprecher der Christlichen Aktion und Geschäftsführer der Akademie für das Leben.

Horst Marquardt

geb. 1929. 1960–1993 Leiter des Evangeliums-Rundfunks in Wetzlar. 1970 gründete er die Evangelische Nachrichten-agentur idea e. V., deren Ehrenvorsitzender er ist, nachdem er bis Juni 2017 als Vorsitzender tätig war. 1975 gehörte er zu den Mitbegründern des Christlichen Medienverbundes. Bekannt wurde er auch als Sprecher der ARD-Fernsehsendung »Das Wort zum Sonntag«. Bis 2015 produzierte er im Radioprogramm von ERF Plus die Sendereihen »Bilanz«, »Brennpunkt Nahost« und »Reiseeindrücke«. Er wirkt weiterhin beim »Wort zum Tag« bei ERF Plus mit. Horst Marquardt war bis Februar 2017 Vorsitzender des Kongresses christlicher Führungskräfte.

Dr. Wunibald Müller

geb. 1950 in Buchen (Odenwald). Katholischer Theologe, Schriftsteller und Psychotherapeut. Von 1991 bis 2016 war er Leiter des Recollectio-Hauses der Benediktinerabtei Münsterschwarzach, einem spirituell-psychotherapeutischen Zentrum für Priester, Ordensleute und kirchliche Mitarbeiter und Mitarbeiterinnen.

Bischof em. Leo Nowak

geb. 1929 in Magdeburg. Er absolvierte eine kaufmännische Lehre und besuchte von 1948 bis 1950 eine Fachschule für Industrie und Handel. Studium der Theologie, 1956 Weihe zum Priester.
Papst Johannes Paul II. ernannte ihn 1990 zum Bischof und Apostolischen Administrator in Magdeburg. 1990 Weihe zum Bischof. Mit der Errichtung des Bistums Magdeburg am 8. Juli 1994 wurde Nowak zum ersten Bischof der Diözese ernannt. Seit 2004 ist Bischof Leo Nowak im Ruhestand.

David Plüss

geb. 1957, ist ein Schweizer Musiker, Komponist, Arrangeur und Musikproduzent. Über 350 CDs ganz unterschiedlicher Künstler hat er als Produzent und Musiker betreut. Vom Kindermusical über Pop- und Rock-Produktionen bis hin zu von Klassik inspirierter Musik. Plüss ist auch seit vielen Jahren auf den Kirchentagen musikalisch tätig, hat eine rege Konzerttätigkeit im In- und Ausland und produziert Musik im eignen Tonstudio als Pianist und Arrangeur für viele namhafte Künstler der christlichen Szene. Seit 2007 ist Plüss musikalischer Botschafter der Christoffel-Blindenmission. Er ist verheiratet und hat zwei Kinder.

Bischof em. Joachim Reinelt

geb. 1936 in Neurode (Schlesien), 1988 – 2012 Bischof der Diözese Dresden-Meißen. In der Deutschen Bischofskonferenz war er stellvertretender Vorsitzender der Kommission für gesellschaftliche und soziale Fragen sowie Vorsitzender der Kommission für caritative Fragen.

Nina Ruge

geb. 1956 in München, 1974 – 1979 Studium Biologie und Germanistik, 1980–1987 Lehrerin an einem Gymnasium. Ab 1989 arbeitete sie als Co-Moderatorin im ZDF »heute journal« und moderierte ab 1991 das politische Magazin »Standpunkte« der Deutschen Welle. 1994 startete sie die Nacht-tägliche Nachrichtensendung »heute Nacht« im ZDF. Ab 1997 übernahm sie die Moderation des ZDF-Peoplejournal »Leute heute«. Im ZDF führte sie von 2005 bis 2010 durch die Sendung »Feiertagsakzente« und berichtete an katholischen Feiertagen aus Wallfahrtsorten, Klöstern und von verschiedenen biblischen Orten Israels. Von 2007 bis 2016 moderierte sie die Talksendung »Unter4Augen« im Bayerischen Fernsehen. 2012 wurde sie zur »Nationalen UNICEF-Botschafterin Deutschland« ernannt. Sie erhielt die Bayerische Staatsmedaille für besondere soziale Verdienste und das Bundesverdienstkreuz.

Annette Schavan

geb. 1955 in Jüchen (Kreis Neuss), studierte katholische Theologie, Philosophie und Erziehungswissenschaft. Von 1991–1995 hatte sie die Leitung der Bischöflichen Studienförderung Cusanuswerk inne. Ab 1995 war sie 10 Jahre lang als Ministerin für Kultus, Jugend und Sport in Baden-Württemberg tätig, danach wurde sie Bundesministerin für Bildung und Forschung. Von 1998–2012 war sie stellvertretende Vorsitzende der CDU Deutschlands und von 2005–2014 Mitglied des Deutschen Bundestages. Seit Juli 2014 ist sie Botschafterin der Bundesrepublik Deutschland beim Heiligen Stuhl in Rom.

Erzbischof Dr. Ludwig Schick

geb. 1949 in Marburg, 1969 Abitur, 1969–1975 Studium der Philosophie und Theologie, 1975 Weihe zum Priester. 1976–1980 Studium des Kirchenrechts in Rom. 1981–2002 Dozent und Professor (1985) für Kirchenrecht an der Theologischen Fakultät Fulda und am Katholischen Seminar an der Philipps-Universität Marburg. 1981–1993 Ökumenereferent des Bistums Fulda und Vorsitzender der Ökumenischen Kommission Fulda. 1998 Weihe zum Bischof, 2002 Ernennung zum Erzbischof von Bamberg. 2005 gründete er die Familienstiftung »Kinderreich« und 2009 die Stiftung »Brot für alle Menschen«. Er ist Vorsitzender der Kommission »Weltkirche« der Deutschen Bischofskonferenz.

Sr. Jordana Schmidt OP
geb. 1969 in Grevenbroich. Sie ist Dominikanerin von Bethanien, gelernte Kinderkrankenschwester, Dipl.-Heilpädagogin und Familientherapeutin. Von 2006 bis 2010 war sie eine der Sprecherinnen des Worts zum Sonntag in der ARD. Seit Juli 2012 ist sie Kinderdorfmutter im Bethanien-Kinderdorf Schwalmtal-Waldniel bei Mönchengladbach. Sie ist oft unterwegs, um Vorträge und Predigten zu halten.

Andrea Schwarz
geb. 1955, ausgebildete Industriekauffrau und Sozialpädagogin, viele Jahre in der Gemeindearbeit in Viernheim bei Mannheim sowie ehrenamtlich bei Projekten der Mariannhiller Schwestern in Südafrika tätig. Derzeit als pastorale Mitarbeiterin in der Diözese Osnabrück tätig sowie freiberuflich u. a. als Schriftstellerin und in der Erwachsenenbildung.

Pirmin Spiegel
wurde 1957 in Großfischlingen in der Pfalz geboren. Er studierte Theologie und Philosophie und wurde 1986 zum Priester geweiht. Insgesamt 15 Jahre lebte er als Pfarrer in Brasilien. Dort gründete er eine Familienlandwirtschaftsschule und arbeitete in der Ausbildung von Laienmissionaren. Seit 2012 ist er Hauptgeschäftsführer und Vorstandsvorsitzender von MISEREOR.

Dr. Christa Spilling-Nöker
geb. 1950 in Hamburg. Studium der Theologie und Erziehungswissenschaften in Hamburg und Göttingen. Tiefenpsychologische Zusatzausbildung, Promotion an der Universität Dortmund. Autorin zahlreicher erfolgreicher Bücher.

Manfred Stolpe
geb. 1936 in Stettin. Nach dem Jura-Studium in Jena war er von 1959 bis 1969 bei der Evangelischen Kirche in Berlin-Brandenburg tätig, wo er seit 1962 Leiter der Geschäftsstelle der Konferenz der Evangelischen Kirchenleitungen in der DDR war. Von 1982 bis 1990 war er stellvertretender Vorsitzender des Bundes der Evangelischen Kirchen in der DDR. 1990 — 2002 Ministerpräsident des Landes Brandenburg, 2002 — 2005 Bundesminister für Verkehr, Bau und Wohnungswesen sowie Beauftragter der Regierung für die neuen Bundesländer. 2006 wurde ihm der Verdienstorden des Landes Brandenburg verliehen.

Erzbischof em. Dr. Werner Thissen
empfing 1999 im Dom zu Münster die Bischofsweihe für den Dienst als Weihbischof. Von 2003 bis 2014 war er Erzbischof von Hamburg. Er war Vorsitzender des Bischöflichen Hilfswerks Misereor und Metropolit der Norddeutschen Kirchenprovinz. Geboren wurde er am 3. Dezember 1938 in Kleve am Niederrhein.

Stanislaw Tillich
geb. 1959 in Neudörfel (Sachsen). 1984 schloss er sein Studium an der Technischen Universität Dresden als Diplomingenieur für Konstruktion und Getriebetechnik ab. 1991 bis 1999 Abgeordneter im Europäischen Parlament, seit 2004 Mitglied im Sächsischen Landtag. Seit 1999 Mitglied der Sächsischen Staatsregierung, seit 2008 Ministerpräsident des Freistaates Sachsen und Vorsitzender der Sächsischen Union.

Prof. Dr. Bernhard Vogel
Der ehemalige Ministerpräsident von Rheinland-Pfalz und von Thüringen sowie Präsident des Zentralkomitees der deutschen Katholiken kam am 19. Dezember 1932 in Göttingen zur Welt. Seit 1989 ist er — mit kurzer Unterbrechung — als Vorstand der Konrad-Adenauer-Stiftung tätig, seit 2010 als Ehrenvorsitzender. 2012 trat er eine Gastprofessur als Dozent für »Politikmanagement, Public Policy und öffentliche Verwaltung« an der NRW School of Governance der Universität Duisburg-Essen an.

Msgr. Stephan Wahl
kath. Priester und Autor, geboren 1960 in Bonn, aufgewachsen in Remagen-Kripp, Studium der Philosophie und Theologie in Trier, München und Jerusalem, Zusatzausbildung als Hörfunk- und Fernsehjournalist, von 1999 bis 2011 Sprecher beim Wort zum Sonntag (Das Erste), neun Jahre Mediendirektor in der Leitung des Bistums Trier, 2006 Ernennung zum Päpstlichen Ehrenkaplan durch Papst Benedikt XVI., 2013 Rückkehr in die Gemeindeseelsorge und Beauftragung zur Verkündigung in den Medien. Er ist Mitglied im Rundfunkrat des SWR.

Paul Weismantel

geb. 1955 in Fellen (Unterfranken), ist Seelsorger, Geistlicher Begleiter, Exerzitienbegleiter, Supervisor und Autor. Studium der Kath. Theologie an der Jesuiten Hochschule St. Georgen in Frankfurt/Main. Priesterweihe 1981. Domvikar im Bistum Würzburg seit 1992. Leiter des Referates Geistliches Leben seit 2002. Spiritual am Priesterseminar Würzburg seit 2008.

Andi Weiss

geb. 1977 in Mühldorf am Inn, ist Songpoet, Autor und berät als Logotherapeut in seiner Beratungspraxis in München Einzelpersonen, Firmen und Institutionen. Andi Weiss unterstützt die Stiftung »Opportunity International«, die sich für die Armutsbekämpfung weltweit einsetzt. Mehr Informationen unter www.andi-weiss.de.

Maria von Welser

geb. 1946 in München, 1967 Abitur, 1968 Studium an der Journalisten-Schule in München, zugleich Studium der Politologie und Soziologie. Nach 11 Jahren Print beim Bayerischen Rundfunk, Moderatorin der Fernseh-Nachrichtensendung »Rundschau«, im Hörfunk Leiterin des »musik-Journal« Von 1988 bis Ende 1996 leitete und moderierte sie im ZDF das von ihr entwickelte Frauen-Journal »ML – Mona Lisa«. Ab 2001 war sie Leiterin des ZDF-Auslandsstudios London. Dann 7 Jahre ARD/NDR als Direktorin für Fernsehen und Hörfunk. Sie engagiert sich bei UNICEF Deutschland im Vorstand und im Komitee, Seit 2015 hat sie einen Lehrauftrag an der Universität Paderborn: »Philosophie und Medien-Gerechtigkeitsfragen im Fokus«. Sie erhielt den Frauenförderpreis für besonderes Engagement von Frauen für Frauen, das Bundesverdienstkreuz, den Courage-Preis und 2015 die Ehrenmedaille der Bayerischen Staatsregierung für den Einsatz für Frauen in Europa.

Jürgen Werth

geb. 1951 in Lüdenscheid. Von 1973 bis 2014 bei ERF Medien in Wetzlar, u.a. als verantwortlicher Redakteur für »e.r.f. junge welle«, als Chefredakteur und als Programmdirektor. Von 1994 bis 2014 war er Gesamtleiter des Unternehmens. Er war TV-Moderator (»Wartburg-Gespräche« und »Werthe Gäste«), Moderator der Großevangelisation »ProChrist« und drei Jahre lang Sprecher beim »Wort zum Sonntag« (ARD). Von 2007 bis 2011 ehrenamtlicher Vorsitzender der Deutschen Evangelischen Allianz. Er ist Autor, Liedermacher, Moderator, Prediger und Referent.

Bärbel Wilde

geb. 1950 in Bocholt, 1969–1974 Studium der evangelischen Theologie, danach Vikariat bei der Deutschen Zeltmission., 1978–2008 Pfarrerin der Christuskirche in Lüdenscheid. Neben ihrer Tätigkeit als Pfarrerin veröffentlichte Wilde verschiedene Bücher zu christlichen Themen. Von 1997 bis 2007 leitete sie die Arbeitsgemeinschaft Biblische Frauenarbeit. 20 Jahre lang hielt sie Morgenandachten im WDR sowie ZDF-Fernsehgottesdienste. Sie war Vorsitzende des Christlichen Medienverbundes KEP und der evangelischen Allianz in Lüdenscheid. Seit 2010 ist sie Mitglied im Aufsichtsrat des christlichen Senders ERF-Medien in Wetzlar.

Dr. Melanie Wolfers SDS

gehört zur Ordensgemeinschaft der Salvatorianerinnen. Sie leitet IMpulsLEBEN, ein deutschsprachigweites Angebot für junge Erwachsene, christliche Spiritualität kennenzulernen und soziale Verantwortung zu übernehmen. Sie ist in der Bildungsarbeit tätig und Autorin erfolgreicher Bücher. www.melaniewolfers.de; www.impulsleben.at; www.salvatorianerinnen.at

Christoph Zehendner

Der 1961 in Bad Windsheim geborene Moderator, Texter und Theologe ist im Kloster Triefenstein am Main als Mitarbeiter der evangelischen Christusträger-Bruderschaft für Öffentlichkeitsarbeit, Begleitung von Gästegruppen und konzeptionelle Fragen zuständig. Er war 25 Jahre lang als freier Journalist tätig, u. a. in der landespolitischen Redaktion des SWR. Er gehört zu den bekanntesten Textern im Bereich des neuen geistlichen Lieds.

Paul M. Zulehner

Der österreichische Theologe und Priester, geboren am 20. Dezember 1939 in Wien, war jahrelang Professor für Pastoraltheologie an der Universität Wien. Von 1985–2000 war er Theologischer Berater des Vorsitzenden des Rates der Konferenz der Europäischen Bischofskonferenzen. Er ist Mitglied sowohl der Europäischen als auch der Österreichischen Akademie der Wissenschaften.